Hyperactivité et déficit d'attention

chez l'enfant

Tableau de la couverture : *Les haut-le-cœur*
Œuvre d'**Yvon Lavoie**

Né à Saint-Rémy-de-Price en 1955, Yvon Lavoie a étudié en arts plastiques au Collège de Matane. Son talent exceptionnel de dessinateur lui a permis de produire des œuvres remarquables au fusain et aux crayons de couleur. Il découvrira par la suite que la transparence et la fluidité de l'aquarelle lui conviennent parfaitement ; il exploite cette technique avec une habileté peu commune. Ses tableaux sont véritablement empreints de sensibilité et de poésie, et l'imagination et la créativité y occupent une place prédominante.

Yvon Lavoie est représenté par la Galerie d'Art Bernard Larocque, de Rimouski, et par Mme Francine Chicoine, courtière en œuvres d'art de Baie-Comeau.

Robert Dubé

Hyperactivité et déficit d'attention
chez l'enfant

gaëtan morin
éditeur

Données de catalogage avant publication (Canada)

Dubé, Robert, 1950-

   Hyperactivité et déficit d'attention chez l'enfant

   Comprend des réf. bibliogr. et un index.

   ISBN 2-89105-411-3

   1. Enfants instables moteurs. 2. Instabilité psychomotrice. 3. Attention, Troubles de l'. I. Titre.

RJ506.H9D82   618.92'8589   C91-096919-1

Montréal, Gaëtan Morin Éditeur ltée
171, boul. de Mortagne, Boucherville (Québec), Canada J4B 6G4. Tél. : (514) 449-2369

Paris, Gaëtan Morin Éditeur, Europe
105, rue Jules-Guesde, 92300 Levallois-Perret, France. Tél. : 01.41.40.49.20

Casablanca, Gaëtan Morin Éditeur – Maghreb
6 bis, Rond-point des sports, 20000 Casablanca, Maroc. Tél. : 212 (2) 49.02.17

Révision linguistique : Ginette Martin
                      Ghislaine Archambault

Imprimé au Canada 2 3 4 5 6 7 8 9 0 1   07 06 05 04 03 02 01 00 99 98

Dépôt légal 1er trimestre 1992 – Bibliothèque nationale du Québec – Bibliothèque nationale du Canada

À tous ces enfants
pour qui le mouvement
est une manière d'être

Avertissement

Dans cet ouvrage, le masculin est utilisé comme représentant des deux sexes, sans discrimination à l'égard des hommes et des femmes et dans le seul but d'alléger le texte.

PRÉFACE

«F ais donc attention ! » « Écoute ce que je dis et va moins vite ! » « Cesse de bouger, tu m'énerves ! » Voilà des phrases que certains enfants se font répéter continuellement. Des enfants, de plus en plus nombreux, qui sont étiquetés comme *hyperactifs*.

Mais qu'en est-il de cette *hyperactivité* dont on parle de plus en plus ? Est-ce la nouvelle « maladie du siècle » ? Pour tous ceux qui se posent la question, pour tous ceux qui ont à évaluer des enfants hyperactifs ou qui ont à intervenir auprès d'eux, comme parents, enseignants ou spécialistes, le volume du Dr Robert Dubé sera d'une aide très précieuse. Voilà, enfin, un livre écrit par quelqu'un qui connaît bien notre réalité quotidienne et qui, dans un langage à la fois clair et simple, nous fait partager, outre son expérience personnelle de pédiatre, les connaissances et les savoir-faire les plus valables et les plus récents de la littérature sur le sujet.

Tout d'abord, le Dr Dubé analyse ce concept très complexe (qu'il qualifie d'ailleurs de « notion imprécise ») de l'hyperactivité et du déficit d'attention, à la fois selon son évolution chronologique (de l'année 1897 aux années 1990) et selon son contexte culturel (nord-américain ou européen). D'allure quelque peu « académique », cette revue critique et synthétique de la littérature, abondamment documentée (comme en témoignent les références bibliographiques présentées à la fin de chacun des chapitres du volume), est bien structurée et progresse de façon très logique. Si bien que l'intérêt et la curiosité du lecteur demeurent soutenus, qu'il soit question des débats théoriques sur le *syndrome distinct* et « à part entière » de l'hyperactivité et du déficit d'attention, ou encore d'observations cliniques et de recherches empiriques sur ses causes et ses manifestations diverses selon l'âge des individus affectés.

La deuxième partie du volume, qui porte sur l'intervention (tant évaluative que thérapeutique), répond de façon plus directe aux préoccupations et aux besoins de ceux qui interviennent déjà auprès des enfants hyperactifs à titre d'enseignants ou de thérapeutes, ou de ceux qui partagent leur existence quotidienne comme parents. Ce qui frappe davantage dans cette partie, outre le souci d'objectivité et la grande prudence du Dr Dubé, c'est son respect admirable de l'enfant, enfant « qu'il faut éviter, dit-il, de réduire à la seule réalité de ses symptômes ».

À maintes reprises, l'auteur rappelle, en effet, la préoccupation qu'il a et qu'il fait partager « d'intervenir auprès de l'enfant hyperactif plutôt que de traiter l'hyperactivité de l'enfant ». De même, le Dr Dubé souligne l'importance d'« intervenir dans une perspective globale et développementale ». Une approche qui *responsabilise* ceux qui sont aux prises avec le problème, à savoir, en tout premier lieu, l'enfant lui-même, puis la famille et l'école, qui doivent chercher à œuvrer de façon *concertée* et *harmonieuse*. C'est finalement cette conception du *caractère dynamique* du problème de l'hyperactivité et du déficit d'attention ainsi que le souci de répondre de façon optimale aux *besoins de l'enfant* qui se révèlent être les qualités dominantes de cet excellent volume de Robert Dubé.

Et c'est seulement après avoir rappelé les précautions indispensables à prendre sur les plans scientifique et professionnel, et après avoir affirmé les *principes* et les *valeurs* à respecter dans l'intervention, que l'auteur aborde le thème tant attendu et délicat des fameux médicaments et, tout particulièrement, du Ritalin et du Cylert. Le Dr Dubé voit des avantages évidents à recourir à ce genre de stimulants, même si ceux-ci ne sont pas sans risques ou sans effets secondaires par ailleurs. Or, ce recours à des médicaments — car c'est bien de médicaments qu'il s'agit — ne doit être envisagé et utilisé que comme « traitement de soutien » à l'intérieur d'une approche globale, « lorsque le déficit d'attention est clairement établi et qu'il est un aspect important du problème ».

Face aux conceptions partielles ou erronées qui ont cours dans notre milieu et face au réductionnisme qui caractérise souvent les débats entre les spécialistes de diverses disciplines ou entre les intervenants de diverses idéologies, l'approche du Dr Dubé nous paraît toute nuancée, humble et respectueuse de chacun. De fait, elle renvoie continuellement le lecteur à ses propres croyances et valeurs, et surtout, à ses propres responsabilités.

Je ne veux, toutefois, terminer ce bref propos sans faire ressortir quelque peu tout ce que le Dr Dubé nous invite à lire *entre les lignes* de son volume. Ainsi, il n'est pas directement question des abus qui sont faits dans l'utilisation du Ritalin. Or, on sait très bien que la consommation de Ritalin est devenue presque une mode dans certaines écoles où l'on a présenté ce médicament aux parents comme une simple « vitamine de l'intelligence » ne comportant pas d'effets secondaires nuisibles. Dans d'autres écoles, c'est le personnel de l'école lui-même qui invite les parents à obtenir du Ritalin pour leur enfant (ce qui semble d'ailleurs très facile) afin que celui-ci soit autorisé à poursuivre sa scolarité dans une classe ordinaire. Ces faits sont connus du Dr Dubé qui a eu maintes fois l'occasion de participer à des conférences et à des tables rondes sur l'hyperactivité dans diverses commissions scolaires. Si l'auteur ne les aborde pas directement dans son volume, c'est qu'il considère — avec raison, me semble-t-il — avoir fourni un éclairage suffisant sur les effets des stimulants ainsi que sur les déterminants psychosociaux de l'hyperactivité pour permettre à chacun (parent, enseignant ou spécialiste) de prendre ses propres responsabilités.

De même, il n'est pas directement question des exigences sans cesse croissantes et des normes de comportement beaucoup trop rigides d'un grand nombre de nos écoles, davantage préoccupées de leur image et de leur *excellence* que du *respect* et de la *santé globale de l'enfant*. Enfin, il n'est pas directement question non plus des attentes démesurées de plusieurs parents et des pressions qu'ils font subir à leurs enfants, par fatigue personnelle, par stress et par inquiétude devant un avenir toujours plus incertain et une société toujours plus compétitive et agressive.

Toutefois, sur toutes ces questions, il nous semble avoir clairement lu, même si c'était entre les lignes, la position du Dr Dubé. Celui-ci, tel un philosophe socratique, recourt à la maïeutique pour nous faire accoucher de notre propre vérité. Et, avec un certain sourire en coin, il nous indique l'endroit où il nous attendait justement, lorsqu'il écrit à la toute fin de son volume qu'il faut savoir respecter le rythme de l'enfant et de son milieu et ne pas les culpabiliser, et lorsqu'il conclut, dans une perspective tout autant préventive que curative : « Des modifications dans la structure des établissements d'enseignement, l'adoption de politiques nouvelles en matière d'éducation spécialisée sont aussi des actions qui peuvent être envisagées pour aider ces enfants à vaincre leurs difficultés. »

À ce moment, il ne fait plus de doute pour le lecteur que le Dr Dubé est non seulement un spécialiste de l'hyperactivité, mais surtout un allié et un complice de ces enfants hyperactifs qu'il respecte et aime profondément, de « tous ces enfants pour qui le mouvement est une manière d'être » (voir la dédicace); de tous ces enfants, enfin, qui le remercient grandement d'avoir si bien écrit sur eux.

Charles E. Caouette, Ph.D.
Département de psychologie
Université de Montréal

TABLE DES MATIÈRES

PARTIE *II*

De l'évaluation à l'intervention thérapeutique

INTRODUCTION

L '$hyperactivité est un problème fréquent chez l'enfant d'âge scolaire. Cette notion représente autant un niveau élevé d'activité qu'un ensemble de comportements souvent disparates. Le phénomène suscite un grand intérêt, comme en témoignent les très nombreux écrits publiés sur le sujet dans les dernières décennies.

La problématique de l'hyperactivité se distingue par les controverses qu'elle soulève. Les experts en ce domaine discutent des définitions, des critères diagnostiques, de l'étiologie, de l'évolution du problème ainsi que des différentes formes de traitement sans arriver à un véritable consensus. Les résultats des recherches sur le sujet sont souvent contradictoires. De multiples facteurs interagissent, ce qui ne facilite pas la compréhension du problème. D'aucuns se serviront du fait qu'on n'a pas trouvé de réponses définitives aux nombreuses questions soulevées pour mettre en doute l'existence même du problème. Un tel contexte favorise l'émergence d'opinions peu nuancées ou de solutions par trop simplistes. Les thèses organicistes s'opposent aux théories psychosociales, ce qui rappelle l'éternel débat entre l'inné et l'acquis.

L'histoire de la notion d'hyperactivité a été marquée par une confusion dans les termes utilisés pour définir et qualifier le phénomène en question. L'idée de l'existence d'un syndrome distinct d'hyperactivité a vu le jour il y a plus d'un siècle. D'abord observée chez des enfants encéphalopathes, l'hyperactivité a été longtemps considérée comme le résultat d'une lésion cérébrale. Mais la majorité des cas d'hyperactivité ne sont pas porteurs d'une telle lésion, ce qui a conduit à l'élaboration de plusieurs conceptions, dont celle de la dysfonction cérébrale minime ou encore celle du déficit d'attention avec hyperactivité. La recherche étiologique est bien amorcée, mais les réponses demeurent partielles.

Devant une aussi grande confusion, l'intervention thérapeutique reste un défi. Plusieurs types de traitement ont été proposés sans qu'aucun se soit avéré efficace par lui-même. La réalité d'un tel problème oblige donc à adopter une perspective globale qui prenne en considération tous les facteurs en cause tant chez l'enfant que dans son environnement.

Le présent ouvrage est destiné à tous ceux qui interviennent auprès des enfants hyperactifs. Il se veut une synthèse des informations transmises sur le sujet. La première partie de l'ouvrage traite d'aspects beaucoup plus théoriques, dont l'existence de l'hyperactivité en tant que syndrome distinct (chapitre 1), les différentes pistes étiologiques suivies (chapitre 2) ainsi que le tableau clinique et l'évolution des enfants hyperactifs (chapitre 3). Dans la deuxième partie, nous nous attardons à des aspects davantage pratiques. Nous y examinons les diverses façons d'évaluer l'hyperactivité chez un enfant (chapitre 4), la manière de répondre aux différents besoins de l'enfant (chapitre 5) et la façon d'utiliser certaines thérapies comme les thérapies de modification du comportement ou les stimulants (chapitre 6). Un tel ouvrage ne saurait toutefois remplacer l'expérience de chacun des intervenants qui ont été amenés, par la force des choses, à élaborer des stratégies astucieuses et personnalisées pour réussir à répondre aux besoins des enfants hyperactifs.

PARTIE I

Une entité clinique à définir

1

L'évolution des conceptions

*R*emonter dans le temps pour trouver l'origine des mots et des idées qui ont cours dans notre monde moderne est une entreprise fascinante. Nous pouvons ainsi suivre l'évolution de la pensée humaine, influencée par les réalités propres à chaque époque. Nos expériences actuelles filtrent notre perception et façonnent notre compréhension des concepts d'antan. Aussi le risque est-il grand d'attribuer à nos prédécesseurs des intentions et des propos qui nous servent à justifier nos actions présentes.

À la suite du développement accéléré des connaissances en neurologie et en pathologie au XIXᵉ siècle, c'est sans relâche qu'on a essayé de trouver une explication biologique aux problèmes de comportement humain. Puis en constatant que nombre de maladies pouvaient modifier le comportement, on a postulé que toute déviation comportementale trouvait obligatoirement son origine dans le « soma ». Tout au cours du dernier siècle, différents auteurs ont décrit des comportements comparables ou identiques à ceux que l'on associe aujourd'hui au syndrome d'hyperactivité. La notion d'hyperactivité s'est élaborée au cours de multiples expériences et observations qui ont toutes leurs mérites et leurs limites. La démarche n'a pas toujours été cohérente, le comportement humain ne pouvant être réduit à une simple équation. Les différentes tentatives pour éclairer la nature de l'hyperactivité ont abouti à la formulation de quatre conceptions qui se sont succédé et ont même chevauché à certains moments. Toutes sont basées sur l'opinion qu'il s'agit d'un syndrome spécifique.

1.1 LA NOTION D'ATTEINTE CÉRÉBRALE (BRAIN DAMAGE)

1.1.1 Still

Still, pédiatre anglais bien connu pour ses travaux sur l'arthrite rhumatoïde juvénile, a observé, en 1902, une vingtaine d'enfants présentant un comportement perturbateur, caractérisé par de l'agitation, de l'agressivité, des sautes d'humeur, de la méchanceté gratuite, de la désobéissance et de l'opposition. Il a noté des mouvements incoordonnés et de petites anomalies congénitales, comme un palais ogival et un épicanthus (pli cutané qui recouvre symétriquement les coins internes de l'œil). Sans qu'il y ait déficit intellectuel, ces enfants montrent une capacité d'attention affaiblie au point d'entraîner des échecs scolaires. Le comportement d'opposition et de défi face à l'autorité tout comme l'insatiabilité de ces enfants ont amené Still à conclure à un défaut du « contrôle moral ». À son époque, la moralité et la conscience morale étaient considérées comme innées et comme faisant partie intégrante de l'intelligence. Dans le processus du développement du cerveau humain, elles représentaient l'étape finale. Dans certains cas, Still arrive toutefois à déceler des conditions pathologiques, par exemple de grosses lésions cérébrales ou des antécédents de traumatisme crânien ou de méningo-encéphalite, pouvant expliquer les modifications comportementales des sujets observés. Mais dans la plupart des cas, il ne détecte aucune cause précise. Il émet alors une double hypothèse : un dommage cérébral important touche les fonctions intellectuelles générales; un dommage présumé moindre affecte des fonctions mentales supérieures comme le contrôle moral. Des facteurs de risque, tels un accouchement difficile ou une naissance prématurée, pourraient aussi entraîner des perturbations du comportement sans répercussions observables à l'examen clinique traditionnel. La pleine expression de ce type de difficultés comportementales résulte selon lui de l'interaction d'une prédisposition héréditaire et d'un dysfonctionnement neurologique, lequel résulterait d'une atteinte cérébrale.

1.1.2 Tredgold

En 1914, Tredgold, qui a étudié le retard mental, a décrit à son tour plusieurs enfants hyperkinétiques parmi lesquels un certain nombre suivaient un programme de rééducation spécialisé. Ces enfants présentaient, en plus de leur hyperkinésie, diverses caractéristiques : anomalies de la boîte crânienne et du palais; signes neurologiques mineurs; incoordination motrice; syncinésies; niveau d'activité anormal (augmenté ou diminué); inattention; distractivité; et parfois comportement asocial, voire criminel. Tout comme Still, Tredgold conclut qu'un défaut moral peut être la manifestation d'une déficience mentale reliée à une anomalie organique touchant les niveaux supérieurs du cerveau. Cette anomalie cérébrale se rattache à une prédisposition héréditaire, la diathèse neuropathique, dans laquelle les facteurs d'environnement ne jouent aucun rôle. Ainsi, un facteur comme la pauvreté ne peut expliquer le problème de certains enfants puisqu'elle est elle-même le résultat d'une hérédité morbide.

1.1.3 Hohman et Ebaugh

La présence de symptômes comme l'hyperactivité et l'agitation chez des enfants ayant souffert d'encéphalite est souvent présentée comme une preuve de l'origine biologique de l'hyperactivité. Dans les années 20, une épidémie d'encéphalite de von Economo a laissé chez plusieurs enfants des séquelles neuropsychiatriques souvent graves faisant soupçonner une atteinte du lobe frontal. À cette époque,

Hohman (1922) et Ebaugh (1923) décrivent 28 cas d'encéphalite dont un seul présente les caractéristiques d'un syndrome hyperkinétique, tel qu'on le conçoit aujourd'hui. Ebaugh signale plus spécifiquement chez ces enfants des changements brusques de comportement prenant la forme d'hyperkinésie, de forte tension émotive, d'agressivité, d'incorrigibilité, de variations extrêmes de l'humeur, de réactions hystériques et d'un manque d'inhibition sexuelle. Il souligne la présence de symptômes concomitants, tels que troubles du sommeil, désordres affectifs graves, tics, troubles de la coordination motrice et retard mental. Ces observations tendent à confirmer l'existence d'un lien entre l'encéphalopathie diffuse et des altérations du comportement dont l'hyperactivité n'est qu'une manifestation parmi tant d'autres. Selon Ebaugh, une même affection cérébrale peut se manifester différemment d'un enfant à l'autre comme elle peut n'entraîner aucune séquelle.

C'est la nature des problèmes observés chez ces enfants, de même que le contexte de l'observation, qui a orienté l'explication qui en a été donnée, c'est-à-dire celle d'une atteinte cérébrale. En effet, les enfants examinés par Still (1902), par Tredgold (1914), par Hohman (1922) ou encore par Ebaugh (1923) souffraient pour la plupart de maladies neurologiques assez graves pour entraver leur autonomie et nécessiter un séjour en institution. Chez ceux qui ne présentaient pas de tels antécédents, le dysfonctionnement était tel qu'il ne pouvait s'expliquer que par une cause organique. À partir des caractéristiques de cette clientèle d'exception, on a émis l'hypothèse d'un lien direct entre une atteinte cérébrale et des troubles du comportement. Cette hypothèse n'est en fait valide que pour ces enfants et ne peut sans une rigoureuse vérification être étendue à une population générale d'enfants présentant divers problèmes de comportement. Et encore faut-il pouvoir expliquer pourquoi les enfants ayant une atteinte cérébrale d'égale intensité ne développent pas tous des complications semblables et pourquoi même certains n'en présentent pas du tout. En fait, ces premières descriptions confirment la très grande variété des séquelles comportementales d'une lésion cérébrale.

1.2 LA NOTION D'ATTEINTE CÉRÉBRALE LÉGÈRE (MINIMAL BRAIN DAMAGE)

1.2.1 Kahn et Cohen

Tredgold (1914) et Smith (1926) ont été les premiers à recourir à l'hypothèse d'une atteinte cérébrale légère dans le but, sans doute, d'expliquer le fait que des enfants sans antécédents d'atteinte cérébrale et dont l'examen neurologique conventionnel s'était révélé normal pouvaient avoir des comportements en tous points similaires à ceux observés chez les encéphalitiques ou les traumatisés du crâne. À l'époque, on hésitait à abandonner la notion d'atteinte cérébrale, qui apportait une explication définitive et concrète à des problèmes de comportement difficiles à maîtriser et qui permettait d'envisager un traitement précis. C'est pourquoi, dans les décennies qui ont suivi, la recherche s'est orientée vers l'identification des facteurs qui confirment cette thèse.

En 1934, Kahn et Cohen observent quelques enfants dont le comportement se caractérise par de l'hyperkinésie, de l'agitation, de l'impulsivité et de la maladresse. S'inspirant des observations antérieures sur les répercussions comportementales de l'encéphalite, ils affirment, mais sans preuves convaincantes à l'appui, que l'origine du problème se situe au niveau du tronc cérébral. Le manque de contrôle des impulsions, que Kahn et Cohen appellent *organic drivenness*, peut se retrouver aussi bien chez des patients atteints d'encéphalite que chez des enfants chez qui on n'a décelé aucun problème neurologique.

1.2.2 Bradley

La découverte fortuite de l'effet des stimulants sur le comportement a aussi contribué à étayer la thèse organiciste. En 1937, Bradley exerce dans une institution où séjournent des enfants chez qui une encéphalite a laissé de graves séquelles physiques et comportementales. Sous l'influence des travaux de Kahn et Cohen (1934), Bradley et son équipe pensent que des anomalies de la structure cérébrale peuvent occasionner les problèmes de comportement de ces enfants. Ils soumettent alors un certain nombre d'entre eux à un pneumo-encéphalogramme (technique d'investigation neurologique qui permet d'évaluer la structure cérébrale) en vue d'une éventuelle intervention neurochirurgicale correctrice. Afin de soulager les patients des maux de tête occasionnés par l'examen, Bradley leur administre de la benzédrine. Il constate alors que parfois le médicament agit de façon spectaculaire sur le comportement des enfants et aussi sur leur rendement scolaire, notamment en mathématiques. Toutefois, les effets ne touchent pas un comportement en particulier et ne durent que le temps de la prise du médicament. On remarque aussi que la benzédrine n'améliore pas autant l'état des enfants qui présentent une anomalie au niveau de la structure cérébrale.

Pour confirmer ses impressions et pour identifier les facteurs d'une bonne réponse à la médication, Bradley mène, en 1940, une étude auprès de 19 enfants placés en institution pour divers problèmes neuro-psychiatriques mais dont les capacités intellectuelles étaient intactes. Il constate que les enfants traités avec des médicaments sont plus attentifs durant les activités scolaires, qu'ils fournissent un plus grand effort au travail, qu'ils sont plus intéressés, qu'ils ont une humeur plus stable et qu'ils sont moins sujets aux rêveries éveillées. Certains donnent même l'impression de mieux apprendre. En arithmétique, les enfants arrivent à faire un plus grand nombre d'opérations sans toutefois développer une meilleure capacité de raisonnement. En orthographe, le rendement est peu amélioré. Dans le groupe étudié, 25 % semblent bien répondre à la médication tant au niveau du comportement que du rendement scolaire. Un plus grand nombre (60 %) toutefois développent une meilleure attitude en contexte d'apprentissage, mais sans amélioration réelle du rendement.

Dans une autre étude, Bradley (1941) mentionne que les stimulants peuvent améliorer divers types de comportement : les enfants hyper-actifs et agressifs deviennent plus calmes et ceux qui ont une attitude de retrait manifestent un meilleur esprit d'initiative. Pour Bradley, les stimulants n'éliminent pas cependant la source des conflits. Ils permettent à l'enfant de mieux comprendre les problèmes inhérents à l'environnement et le rendent plus apte à y faire face. Mais ils ne peuvent aucunement remplacer les mesures que l'on doit prendre pour corriger les différents facteurs physiques, psychologiques et pédagogiques qui auraient contribué au problème de l'enfant. Les effets positifs d'un stimulant comme la benzédrine ne nous permettent pas non plus d'élucider la cause du problème. On ne doit pas confondre effet organique et cause organique. À son époque, les travaux de Bradley n'ont pas eu l'influence qu'ils connaîtront plus tard avec l'arrivée sur le marché d'autres types de stimulants et avec le développement de la psychopharmacologie, voie thérapeutique ouverte aussi bien à l'adulte qu'à l'enfant.

1.2.3 Strauss, Werner et Lehtinen

Encore dans les années 40, des auteurs comme Strauss, Werner et Lehtinen affirment, même si les preuves font défaut, que l'hyperkinésie est la séquelle habituelle d'une lésion cérébrale quels que soient le degré ou la localisation de celle-ci. Strauss et Lehtinen (1947) ont étudié un groupe d'enfants présentant un retard mental et pour lesquels ils voulaient préparer un programme de rééducation adapté à leurs besoins. Ceux chez qui ils ont décelé des antécédents d'atteinte du système nerveux central sans histoire familiale de déficience mentale, présentent dans une plus grande proportion divers symptômes tels que distractivité, inattention, agitation, manque d'inhibition et comportement d'opposition. De ces observations, ils concluent qu'il existe une relation directe entre l'hyperactivité et une atteinte cérébrale. Même si leurs conclusions se rapportent à des enfants ayant un retard mental, ils n'hésitent pas à déclarer qu'elles sont tout aussi valides pour des enfants d'intelligence normale. Malgré de grandes faiblesses méthodologiques, cette étude a beaucoup marqué les méthodes de rééducation des enfants ayant des difficultés d'apprentissage de toutes sortes. Elle apportait une explication aux troubles d'apprentissage et à certains problèmes de comportement qu'elle attribuait à une variation biologique plutôt qu'à des facteurs génétiques ou psychosociaux. Rappelons que cette approche théorique a vu le jour à une époque où la psychanalyse était populaire mais s'avérait de peu d'efficacité pour corriger des problèmes de comportement extériorisés (*externalized*).

1.2.4 Childers

La prédominance des théories établissant l'atteinte cérébrale en tant que facteur causal privilégié de l'hyperactivité n'a pas empêché certains auteurs comme Childers (1935) de procéder à une description détaillée du phénomène et d'en dégager les constantes dans une perspective plus globale. Dès 1935, Childers mentionne qu'une petite partie seulement des cas d'hyperactivité sont réellement dus à une atteinte neurologique bien définie. Il souligne la difficulté d'établir un seuil à partir duquel une activité débordante devient pathologique. Il est l'un des premiers à avoir défini l'hyperactivité et à l'avoir quantifiée en fonction de critères opérationnels. Ainsi, dit-il, un enfant jugé hyperactif par plusieurs personnes dans différents contextes peut être considéré comme ayant un véritable problème d'hyperactivité. Childers n'essaie pas de définir une entité clinique précise mais il tente plutôt de décrire les multiples facettes de l'hyperactivité. Il cherche également la signification de ce problème chez les enfants qui ont des limites intellectuelles et pour qui, pense-t-il, l'hyperactivité a une étiologie tout autre.

La description clinique de Childers apparaît familière à l'observateur d'aujourd'hui. Ce chercheur a su dégager les facteurs d'environnement susceptibles d'occasionner l'hyperactivité chez un enfant.

Selon ses observations, un grand nombre d'enfants hyperactifs vivent dans un milieu familial désorganisé. Des facteurs comme des déménagements fréquents, une éducation inadéquate, des horaires irréguliers, de mauvaises habitudes de vie et une insécurité affective lui semblent jouer un rôle important. Il en conclut que l'hyperactivité trouve sa source dans une multiplicité de facteurs qui interagissent sans qu'aucun ne soit prépondérant. C'est pourquoi il suggère comme traitement un meilleur encadrement de l'enfant, des habitudes de vie régulières et même, s'il y a lieu, un placement en institution afin d'assurer à l'enfant un cadre de vie plus structuré. Selon lui, aucune méthode thérapeutique ne doit être appliquée avec rigidité.

1.2.5 *Pasamanick et Knobloch*

La thèse d'une atteinte cérébrale légère s'appuie aussi sur les observations faites chez les prématurés, survivant à la période néonatale. Dans les années 50, Knobloch et Pasamanick émettent l'hypothèse d'un continuum de l'atteinte cérébrale périnatale (*continuum of reproductive casualty*), hypothèse en vertu de laquelle, une atteinte cérébrale grave peut avoir comme conséquence ultime la mort du fœtus ou du nouveau-né, alors qu'une atteinte moins marquée entraînera différents syndromes cliniques (physiques ou neuropsychiatriques). Les manifestations d'une atteinte cérébrale légère prendront des formes variées : paralysie cérébrale, épilepsie, retard mental, troubles d'apprentissage, tics ou problèmes de comportement. La prématurité, la toxémie et les saignements en cours de grossesse sont les principaux facteurs de risque décelés au cours de la période périnatale et associés à ce continuum. Diverses études rétrospectives, datant de la même époque, mentionnent une fréquence plus élevée de ce type d'association de facteurs de risque chez les enfants hyperactifs, confus et désorganisés.

Knobloch et Pasamanick (1959) définissent le syndrome d'atteinte cérébrale légère comme une déviation par rapport au développement normal de l'enfant sur les plans neurologique, psychomoteur et comportemental. Une proportion de 16,3 % des prématurés de leur étude et de 10 % des enfants du groupe-contrôle présentent des signes d'une atteinte cérébrale légère telle que définie par les auteurs, lorsque ces nourrissons sont examinés à l'âge de 40 semaines.

Les conclusions des deux auteurs sont basées sur l'observation de divers signes et symptômes sans autres formes de corroboration. Plus grande est la prématurité, disent-ils, plus élevées sont la fréquence et l'intensité des anomalies neurologiques. Les résultats qu'ils rapportent s'appliquent à des groupes. Aucune mention n'est faite des critères et des valeurs-seuil utilisés pour classifier chacun des enfants.

Ce genre d'étude soulève plusieurs questions. S'il est logique de penser que la prématurité et ses complications augmentent le risque de problèmes de développement à long terme, comment expliquer de pareilles difficultés chez des enfants sans antécédents périnataux anormaux ? Est-ce à dire que certaines complications périnatales passent inaperçues ? D'autre part, pourquoi les enfants du groupe à risque n'évoluent-ils pas tous de la même façon ? En fait, près du tiers de ces enfants sont normaux. Comment faire la distinction entre une manifestation comportementale reliée à une atteinte cérébrale légère et celle issue d'une variation de la normale ? Et finalement, quels facteurs, présents aussi bien chez l'enfant que dans son environnement, accroissent sa vulnérabilité ?

Même en affirmant qu'il existe une relation étroite entre complications périnatales et hyperactivité, Pasamanick et ses collaborateurs (1956) ne manquent pas d'observer que la fréquence des complications durant la grossesse et celle des naissances prématurées sont inversement proportionnelles au statut socio-économique. Et en 1960, Pasamanick et Knobloch déclarent que les complications périnatales et les carences environnementales résultent d'un même désavantage social et que les facteurs biologiques contribuent dans une proportion moindre que celle prévue au malfonctionnement général de l'enfant.

1.2.6 Bax et MacKeith

Selon Bax et MacKeith (1963), l'expression « atteinte cérébrale légère » fait référence à un syndrome comportemental consécutif à une atteinte cérébrale, à une dysfonction intellectuelle particulière ou à des troubles de la motricité. Ce syndrome englobe donc une très grande variété de problèmes. En 1962, un groupe de chercheurs (Oxford International Study Group on Child Neurology) a essayé de préciser cette entité. Les participants à cette conférence ont admis que le terme « atteinte » (damage) suppose des modifications anatomiques et ont souligné l'impossibilité d'en confirmer la nature. En fait, le diagnostic repose sur la seule observation de comportements dysfonctionnels ou inadaptés. D'un commun accord, les participants ont rejeté l'expression « atteinte cérébrale légère » en raison de son imprécision. Plusieurs termes ont été proposés pour remplacer cette expression, mais aucun n'a été approuvé. Tous les participants souhaitent que l'on poursuive les recherches afin d'en arriver à une définition plus restrictive.

L'entité atteinte cérébrale légère comporte sa part de vérité et il existe probablement des enfants à qui elle s'applique avec justesse. Mais il est impossible actuellement de distinguer ceux-ci parmi tous ceux qui présentent des symptômes similaires. De plus, l'hyperactivité ne semble pas être le symptôme le plus caractéristique d'une atteinte cérébrale même légère. En fin de compte, le problème ne vient pas du fait que la notion soit fausse, mais de l'utilisation souvent abusive que l'on en fait pour classifier des enfants manifestant des problèmes divers.

1.3 LA NOTION DE DYSFONCTION CÉRÉBRALE MINIME (MINIMAL BRAIN DYSFUNCTION)

Durant les années 60, on décèle chez un nombre croissant d'enfants des difficultés scolaires allant ou non de pair avec des problèmes de comportement. De plus, les systèmes d'éducation de l'époque doivent être modifiés pour faire face à un afflux important d'enfants résultant du *baby boom*. En outre, l'éducation est alors considérée comme un moyen de gravir les échelons de la société et, de ce fait, est fortement valorisée. Le dépistage des enfants inaptes à se conformer aux exigences du milieu scolaire devient donc important si l'on veut leur offrir des services de rééducation et leur assurer une chance égale de réussir. Par ailleurs, les problèmes décelés n'ont pas seulement des causes psychologiques (problèmes relationnels, carence psychosociale) ou physiques (maladie neurologique). C'est dans un tel contexte que la notion de dysfonction cérébrale minime a été popularisée même si des termes équivalents avaient été utilisés antérieurement.

1.3.1 Clements

En 1966, Clements répertorie 40 termes différents utilisés au cours des décennies précédentes pour décrire des enfants partageant des caractéristiques communes :

Association deficit pathology	*Organic brain disease*
Character impulse disorder	*Organic brain damage*
Hyperkinetic impulse disorder	*Organic brain dysfunction*
Aggressive behavior disorder	*Minimal brain damage*
Psychoneurological learning disorder	*Diffuse brain damage*

Neurophrenia	Organic drivenness
Cerebral dysfunction	Organic behavior disorder
Choreiform syndrome	Minor brain damage
Minimal brain injury	Minimal cerebral injury
Minimal chronic brain syndromes	Minimal cerebral damage
Minimal cerebral palsy	Cerebral Dys-synchronization syndrome
Character impulse disorder	Hyperkinetic impulse disorder
Aggressive behavior disorder	Psychoneurological learning disorder
Hyperkinetic syndrome	Dyslexia
Hyperexcitability syndrome	Perceptual cripple
Primary reading retardation	Specific reading disability
Clumsy child syndrome	Hypokinetic syndrome
Perceptually handicapped	Aphasoid syndrome
Learning disabilities	Conceptually handicapped
Attention disorders	Interjacent child

Afin de rallier les points de vue, Clements propose la désignation plus globale de dysfonction cérébrale minime qui, selon lui, tient compte des degrés variables des manifestations et de la diversité des fonctions touchées : motrices, sensorielles ou intellectuelles. Il réservera donc l'expression de dysfonction cérébrale minime à des enfants d'intelligence normale qui présentent des problèmes de comportement ou d'apprentissage d'intensité variable et associé à des dérèglements du système nerveux central, dérèglements qui se manifestent par des difficultés de perception, d'abstraction, de langage, de mémoire, d'attention et de contrôle de la motricité. Ce type de difficultés peut être relié à des maladies neurologiques comme l'épilepsie, la paralysie cérébrale ou le retard mental. Il n'existe pas cependant de signes ou symptômes pathognomoniques de la dysfonction cérébrale minime, pouvant permettre de la distinguer d'une autre entité clinique. Cette dysfonction serait attribuable à des variations génétiques, à des anomalies biochimiques, à des atteintes cérébrales périnatales et résulterait de diverses maladies du cerveau survenues à des périodes critiques de son développement. La manifestation la plus fréquente à l'âge scolaire serait le trouble d'apprentissage. Clements émet l'hypothèse d'un continuum entre les atteintes légères et les atteintes plus marquées (voir Tableau 1.1). Ainsi, une dyspraxie (incoordination motrice) serait le signe d'une dysfonction cérébrale minime alors qu'une diplégie serait compatible avec une paralysie cérébrale.

Clements a dressé une liste comprenant une centaine de signes et symptômes rapportés par différents auteurs et lui paraissant reliés à l'entité unificatrice de dysfonction cérébrale minime. Il en a extrait les dix éléments les plus fréquents, dont voici la liste :

Hyperactivité
Difficultés perceptivo-motrices
Labilité émotionnelle
Incoordination
Déficit d'attention
Impulsivité
Problèmes de mémoire et d'organisation de la pensée
Troubles d'apprentissage de la lecture, du calcul, de l'écriture, de l'orthographe
Problèmes de langage
Certains signes neurologiques mineurs et certaines anomalies électro-encéphalographiques

Plusieurs auteurs mentionnent qu'un bon nombre de ces caractéristiques comportementales ont tendance à s'améliorer avec le temps et même à disparaître. De plus, la manifestation des symptômes est variable, ce qui ajoute à la confusion et nuit à la compréhension que les parents et les éducateurs peuvent avoir des difficultés de l'enfant.

TABLEAU 1.1
Classification des syndromes de dysfonction cérébrale

Syndrome léger	Syndrome grave
Difficultés de motricité fine, incoordination	Paralysie cérébrale
Anomalies électro-encéphalographiques sans convulsions vraies	Épilepsies
Difficultés d'attention, mauvais contrôle des impulsions, faible modulation de l'activité et de l'affect	Autisme et autres troubles du comportement
Déficits de la perception ou de la mémoire, déficits cognitifs	Retard mental
Difficultés visuelles, auditives ou langagières non périphériques	Cécité, surdité, aphasie

Source : Clements, 1966 (traduit et adapté).

Clements estime que les signes et symptômes ne doivent servir que de guides pour établir le diagnostic. Il souligne que le regroupement de certains symptômes pourrait constituer des entités cliniques distinctes. Tel est le cas du syndrome hyperkinétique (association d'hyperactivité, d'impulsivité et d'inattention) qu'il décrit comme un problème s'inscrivant dans l'entité plus large qu'est la dysfonction cérébrale minime. Dans un tel cadre, l'établissement de sous-catégories pourrait permettre une meilleure classification des enfants et une amélioration du contenu des programmes de rééducation.

La démarche de Clements visait à donner un cadre conceptuel cohérent et précis. Son hypothèse méritait d'être soumise à des études de validation pour en confirmer la réalité. Malheureusement, on a utilisé sa notion sans grand discernement. Ce qui avait pour but d'améliorer la communication entre les intervenants a dégénéré en confusion, si bien que la plupart des études sur le sujet ne sont pas comparables entre elles parce que les chercheurs étudient la plupart du temps des sous-ensembles de symptômes différents. L'expression de Clements peut être pratique pour expliquer aux parents la nature du problème, mais elle devient très imprécise quand il s'agit de conduire des travaux de recherche. Clements a créé une catégorie très large regroupant tous les problèmes instrumentaux qui ne trouvent pas place dans une catégorie spécifique. Il s'est peu attardé aux facteurs environnementaux, psychosociaux et affectifs qui influent sur les manifestations du problème.

1.3.2 Wender et Touwen

Wender (1971), Touwen (1979) et plusieurs autres s'inscrivent dans la ligne de pensée de Clements et poursuivent la réflexion sur la notion de dysfonction cérébrale minime. Wender utilise l'expression pour pallier l'inadéquation des multiples termes employés, qui sont soit trop restrictifs (par exemple, on parle d'hyperactivité alors qu'il y a d'autres symptômes associés), soit trop explicites pour désigner une étiologie non prouvée (ex. : l'atteinte cérébrale légère), ou encore trop vagues (ex. : l'immaturité neurologique). Wender s'est employé à découvrir ce que les différents enfants avaient en commun.

Touwen, quant à lui, considère que ce qui importe, c'est de prouver qu'il existe une relation claire et nette entre les difficultés de comportement ou d'apprentissage et une dysfonction neurologique. Il fait état de trois méthodes que l'on peut utiliser pour démontrer cette relation, soit :

☐ comparer des enfants présentant une atteinte cérébrale avec des enfants n'ayant pas d'atteinte, et étudier les différences de comportement entre les deux groupes pour ensuite appliquer ses conclusions à des enfants considérés comme dysfonctionnels au point de vue cérébral;

☐ regrouper des enfants ayant des problèmes de comportement et des troubles d'apprentissage et essayer de voir s'ils présentent des signes de dysfonction cérébrale;

☐ présumer qu'il existe une entité clinique comme la dysfonction cérébrale minime et tenter de retracer les facteurs étiologiques qui sont le plus souvent présents.

Aucune de ces trois méthodes n'a permis d'en arriver à des conclusions définitives, et le problème est resté entier. La très grande variabilité de la symptomatologie rend difficile la conduite des études, sans compter que des facteurs autres que les facteurs neurologiques jouent aussi un rôle. Le fait que le comportement soit régi par le cerveau ne signifie pas nécessairement qu'un comportement normal reflète l'intégrité du cerveau ni qu'un comportement déviant est obligatoirement associé à une lésion ou à une dysfonction cérébrale. Des enfants qui ont un problème neurologique confirmé comme l'épilepsie et ceux chez qui on observe des signes de dysfonction cérébrale ne présentent pas toujours des problèmes de comportement ou des troubles d'apprentissage. À l'inverse, les enfants qui ont des problèmes de comportement ou des troubles d'apprentissage, habituellement associés à une dysfonction cérébrale, peuvent ne manifester aucune anomalie lors d'une évaluation neurologique approfondie.

Une entité comme celle de dysfonction cérébrale minime aura toujours de la difficulté à s'implanter parce qu'il est impossible de la caractériser et de la définir au moyen de critères précis et valides. Touwen suggère donc d'aborder plutôt les relations entre le comportement et le cerveau par l'analyse des mécanismes d'adaptation et de compensation du cerveau face aux demandes de l'environnement, analyse qui doit tenir compte de la variabilité et du cerveau et du comportement. La notion de dysfonction cérébrale minime a perdu de sa popularité dans les années 80 au profit de conceptions orientées davantage vers l'étude d'un ensemble de caractéristiques comportementales.

1.4 LA NOTION DE DÉFICIT D'ATTENTION

En 1972, la psychologue V.I. Douglas soutient que le véritable problème des enfants hyperactifs est une incapacité de s'arrêter, de regarder et d'écouter. Cette affirmation est le premier jalon vers une approche cognitive, différente de la vision essentiellement neurologique et qui a servi à établir les critères diagnostiques du déficit d'attention. En

1980, l'American Psychiatric Association publie le DSM III (*Diagnostic Statistical Manual*), système de classification des maladies mentales, qui établit pour la première fois des catégories spécifiques aux enfants. Le DSM III propose la catégorie de trouble déficitaire de l'attention avec ou sans hyperactivité (voir Tableau 1.2). Cette entité supplante la dysfonction cérébrale minime à laquelle on reprochait son caractère à la fois trop restrictif (la cause du problème relevait seulement du domaine neurologique) et trop large (c'était un diagnostic fourre-tout applicable à une population hétérogène d'enfants).

TABLEAU 1.2
DSM III

Trouble déficitaire de l'attention avec hyperactivité

L'enfant montre des signes d'inattention, d'impulsivité et d'hyperactivité inappropriés, compte tenu du développement correspondant à son âge mental et réel. Les signes doivent être relevés par des adultes de l'entourage de l'enfant, parents ou professeurs par exemple. Les symptômes étant généralement variables, ils peuvent ne pas avoir été observés directement par le clinicien. En cas de désaccord entre les parents et les professeurs, on doit attacher une plus grande valeur aux observations des professeurs, plus habitués aux normes appropriées à chaque âge. Typiquement, les symptômes s'aggravent dans des situations requérant de l'application, en classe par exemple. Les signes de ce trouble peuvent manquer en relation duelle avec l'enfant ou lorsque celui-ci est dans une situation nouvelle.

Le nombre de symptômes mentionnés se rapporte à des enfants de 8 à 10 ans, fourchette d'âge typique prise pour référence. Des formes symptomatiques plus sévères et un plus grand nombre de symptômes sont généralement présents chez les enfants plus jeunes contrairement à ce qui est constaté chez les enfants plus âgés.

A. Inattention. Au moins trois des manifestations suivantes :
    1) Souvent, n'arrive pas à finir ce qu'il (ou elle) commence
    2) Souvent, n'a pas l'air d'écouter
    3) Facilement distrait(e)
    4) A du mal à se concentrer sur le travail scolaire ou sur d'autres tâches requérant une attention soutenue
    5) Manque de constance dans les activités de jeu

B. Impulsivité. Au moins trois des manifestations suivantes :
    1) Agit souvent avant de penser
    2) Passe trop souvent d'une activité à une autre
    3) A du mal à organiser son travail (cela n'étant pas dû à un déficit cognitif)
    4) A besoin d'un encadrement strict
    5) Interventions intempestives en classe

6) A du mal à attendre son tour au cours des jeux ou des situations de groupe

C. Hyperactivité. Au moins deux des manifestations suivantes :
1) Court trop ou grimpe partout
2) A du mal à rester tranquille ou s'agite trop
3) A du mal à rester assis
4) A un sommeil trop agité
5) Est toujours « sur la brèche » ou agit comme « monté sur un ressort »

D. Début avant l'âge de 7 ans.

E. Durée d'au moins 6 mois.

F. Non dû à une schizophrénie, à un trouble affectif ou à un retard mental grave ou profond.

Trouble déficitaire de l'attention sans hyperactivité

Les critères de ce trouble sont les mêmes que ceux du trouble déficitaire de l'attention avec hyperactivité, à l'exception du fait que le sujet n'a jamais présenté d'hyperactivité (critère C).

Trouble déficitaire de l'attention, type résiduel

A. On trouve dans les antécédents du sujet des critères du trouble déficitaire de l'attention avec hyperactivité. Cette information peut être fournie par le sujet lui-même ou d'autres personnes, des membres de sa famille par exemple.

B. Les signes d'hyperactivité ont disparu, mais d'autres signes de la maladie persistent sans période de rémission, ce dont témoignent à la fois des signes de déficit de l'attention et d'impulsivité (par exemple, difficultés à organiser son travail et à terminer des tâches, difficultés de concentration, distractibilité (sic), prises de décision soudaines sans penser aux conséquences).

C. Les symptômes d'inattention et d'impulsivité entraînent une certaine altération du fonctionnement social ou scolaire quotidien.

D. Non dû à une schizophrénie, à un trouble affectif ou à un retard mental grave ou profond, ou à une personnalité schizotype ou limite (borderline).

Source : American Psychiatric Association, 1983 (reproduit avec autorisation).

1.4.1 Le DSM III

Les critères établis dans le DSM III (1980) offrent de l'intérêt dans le contexte d'une démarche clinimétrique qui vise à assurer une base plus solide et objective à un problème de comportement diffus. L'inattention, l'impulsivité et l'hyperactivité sont les symptômes primaires retenus et considérés comme essentiels au diagnostic. Ils sont eux-mêmes définis à partir de comportements observés chez les enfants atteints. Quand les opinions des divers observateurs sont divergentes, le DSM III accorde la priorité aux observations faites en milieu scolaire.

Ce type d'approche soulève des interrogations sérieuses quant à la validité des items qui ont été retenus. En effet, que veut dire l'expression « facilement distrait » ? Quel est le niveau de distraction méritant une cotation positive ? Comment contrôler les opinions des observateurs de l'enfant ? Ces questions restent sans réponse pour l'instant, une limite dont tout intervenant devra tenir compte dans sa démarche auprès des enfants qui ont des difficultés.

1.4.2 Le DSM III-R

Une version révisée du DSM III (voir Tableau 1.3) a été publiée en 1987. On y abandonne la distinction entre trouble déficitaire de l'attention avec hyperactivité et trouble déficitaire de l'attention sans hyperactivité, et la classification basée sur trois critères. Chacun des items y est davantage explicité. On fait aussi état d'un trouble par déficit d'attention, forme indifférenciée. L'expression anglaise choisie, *Attention deficit — Hyperactivity disorder* (ADHD), évite de donner plus de poids au déficit d'attention qu'à l'hyperactivité. La traduction française officielle ne permet pas de maintenir cet équilibre et utilise les termes « hyperactivité avec déficit de l'attention ».

TABLEAU 1.3
DSM III-R

Critères diagnostiques du trouble : hyperactivité avec déficit de l'attention

N.B.   Il faut considérer que le critère est rempli seulement si le comportement décrit est beaucoup plus fréquent que chez la plupart des sujets de même âge mental.

A. Perturbation persistant au moins six mois, au cours de laquelle on retrouve huit des signes suivants :
1) Agite souvent ses mains et ses pieds ou se tortille sur sa chaise (chez les adolescents, ce signe peut se limiter à un sentiment subjectif d'agitation)
2) A du mal à rester assis quand on le lui demande
3) Est facilement distrait par des stimuli externes
4) A du mal à attendre son tour dans les jeux ou les situations de groupe
5) Se précipite souvent pour répondre aux questions sans attendre qu'on ait terminé de les poser
6) A du mal à se conformer aux directives venant d'autrui (non dû à un comportement oppositionnel ou à un manque de compréhension), p. ex. : ne finit pas les corvées
7) A du mal à soutenir son attention au travail ou dans les jeux
8) Passe souvent d'une activité inachevée à une autre

9) A du mal à jouer en silence
10) Parle souvent trop
11) Interrompt souvent autrui ou impose sa présence (p. ex. : fait irruption dans les jeux d'autres enfants)
12) A souvent l'air de ne pas écouter ce qu'on lui dit
13) Perd souvent des objets nécessaires à son travail ou à ses activités à l'école ou à la maison (p. ex. : jouets, crayons, livres, devoirs)
14) Se lance souvent dans des activités physiques dangereuses sans tenir compte des conséquences possibles (et non pour l'amour du risque), p. ex. : traverse la rue sans regarder

N.B. Les items cités ci-dessus sont classés par ordre décroissant selon leur valeur discriminante pour le diagnostic des comportements perturbateurs d'après les données d'une étude nationale sur le terrain des critères du DSM III-R.

B. Survenue avant l'âge de sept ans.

C. Ne répond pas aux critères d'un trouble envahissant du développement.

Critères de sévérité du trouble : hyperactivité avec déficit de l'attention

Léger : peu ou pas de symptômes autres que ceux nécessaires au diagnostic et peu ou pas de handicap du fonctionnement scolaire et social.

Moyen : les symptômes ou le handicap fonctionnel sont intermédiaires entre graves et légers.

Sévère : il existe de nombreux symptômes autres que ceux nécessaires au diagnostic, et une altération significative et généralisée du fonctionnement à la maison, à l'école et avec les camarades.

Trouble déficitaire de l'attention non différencié

Catégorie résiduelle de troubles dont la caractéristique principale est la persistance d'une inattention importante inadaptée et non proportionnée à l'âge, non symptomatique d'un autre trouble, tel un retard mental ou une hyperactivité avec déficit de l'attention, ou d'un environnement désorganisé et cahotique. Certaines des perturbations qui, dans le DSM III, avaient été classées dans le trouble hyperactivité avec déficit de l'attention seraient incluses dans cette catégorie. Il faudra déterminer, par des recherches, si cette catégorie diagnostique est valide et si oui, comment la définir.

Source : American Psychiatric Association, 1989 (reproduit avec autorisation).

La notion de déficit de l'attention a remplacé le syndrome hyper-kinétique qui était intimement lié à des considérations neurologiques. Le DSM III-R évite de s'immiscer dans le débat étiologique et préfère regrouper des items comportementaux qui, s'ils sont présents en même temps, devraient permettre d'isoler un groupe d'enfants plus homogène. Dans ces circonstances, il est logique de penser que ces enfants pourront partager une étiologie commune. Le débat sur la relation entre déficit d'attention et hyperactivité est loin d'être clos. Plusieurs recherches seront encore nécessaires pour clarifier les notions et établir la validité du problème.

1.5 LA VISION EUROPÉENNE DE L'HYPERACTIVITÉ

1.5.1 Ounsted et Ingram

La notion de syndrome comportemental distinct, résultant d'une atteinte neurologique non décelée, s'est largement répandue en Amérique du Nord alors qu'en Angleterre la préférence est allée à un concept beaucoup plus restreint (Schachar, 1986). Les Anglais Ounsted (1955) et Ingram (1956) ont décrit un syndrome hyperkinétique qui se caractérise par de l'hyperactivité, de la distractivité et une faible concentration. Ce syndrome, dit peu fréquent, est presque toujours associé à une lésion cérébrale prouvée. Aucun des deux auteurs ci-dessus ne croyait à une relation spécifique et obligatoire entre le syndrome hyperkinétique et l'atteinte cérébrale. Mais comme leurs travaux ont porté essentiellement sur des enfants affectés d'une atteinte neurologique, ce type d'association s'est trouvé renforcé.

1.5.2 CIM-9

La classification internationale des maladies (O.M.S., 1977), largement utilisée en Europe, définit un syndrome hyperkinétique de l'enfant (voir Tableau 1.4) qui correspond en fait aux cas d'enfants désignés par le DSM III-R. On insiste moins sur la définition de chacun des comportements problématiques et on a tendance à considérer l'instabilité comme un symptôme associé à d'autres conditions. En effet, si un enfant présente de l'hyperactivité avec en plus de l'agressivité, ce dernier symptôme servira de critère pour classer l'enfant dans une autre catégorie diagnostique. En Europe, on éprouve une certaine réticence à considérer ce syndrome comme une entité tout à fait autonome. Toutefois, la dixième version de la classification internationale des maladies, qui sera officiellement publiée en 1992, annonce un changement d'attitude. En effet, on y retrouve des critères diagnostiques qui s'apparentent à ceux du DSM III-R (voir Annexe D, à la fin de cet ouvrage).

TABLEAU 1.4
CIM-9

Critères diagnostiques : syndrome d'instabilité de l'enfance
(syndrome hyperkinétique de l'enfance)

Troubles caractérisés essentiellement par une faible capacité d'attention et de la distraction. Dans la première enfance, le symptôme le plus frappant est une hyperactivité, sans inhibitions, pauvrement organisée et contrôlée, mais dans l'adolescence l'activité peut au contraire être diminuée. L'impulsivité, des variations marquées de l'humeur, l'agressivité sont également des symptômes fréquents. Un retard de l'acquisition des aptitudes spécifiques existe fréquemment ainsi qu'une pauvreté et une perturbation des relations. Si l'instabilité est symptomatique d'un autre trouble, c'est ce dernier qui devra être codé.

Le CIM-9 identifie trois sous-groupes diagnostiques :

1) Perturbation simple de l'activité et de l'attention
   Cas dans lesquels l'inattention, la distraction et la turbulence sont les principaux symptômes, sans troubles notables de la conduite ni retard de l'acquisition d'aptitudes spécifiques.

2) Instabilité avec retard de développement
   Cas dans lesquels le syndrome d'instabilité est associé à un retard de la parole, de la maladresse, des difficultés de lecture ou à d'autres retards dans l'acquisition d'aptitudes spécifiques.

3) Troubles de la conduite liés à l'instabilité
   Cas dans lesquels le syndrome d'instabilité est associé à des troubles importants de la conduite, sans retard de développement. À l'exclusion de : instabilité avec retard dans l'acquisition d'aptitudes spécifiques.

Source : Organisation mondiale de la santé, 1977.

1.5.3 La littérature française : de Bourneville à Ajuriaguerra

La littérature française traitant du sujet a pour sa part privilégié la notion d'instabilité, dont nous retracerons l'évolution chez les différents auteurs qui en ont parlé.

☐ Bourneville (1897) a donné la première description de l'instabilité chez l'enfant. Il en fait le symptôme principal de certaines arriérations légères et l'explique par un dérèglement du couple inhibition-impulsion.

☐ Demoor (1900) parle de chorée mentale quand il y a excès dans l'expression des émotions, manque d'attention et d'inhibition et besoin incessant de mouvement et de changement.

☐ Paul-Boncour et Philippe (1905) s'interrogent sur l'instabilité essentielle, présentée comme une entité pathologique chez des écoliers agités et difficiles. Ces enfants ne sont ni arriérés, ni hystériques, ni turbulents épileptoïdes. Paul-Boncour entreprendra par la suite des travaux pour déterminer l'étiologie organique de l'instabilité. Il mentionne bien que « le qualitatif d'instable... est une étiquette que l'on pose sur une attitude mentale traduisant extérieurement la perturbation du système nerveux; c'est un mot, c'est une désignation, ce n'est pas une explication » (cité dans Micouin et Boucris, 1988).

☐ Dupré (1907) crée l'expression « débilité motrice » pour désigner un syndrome qui peut être associé à la débilité mentale. Il décrit aussi une « instabilité psychomotrice » qui se caractérise par une incapacité de soutenir l'attention et par une labilité de l'humeur. Cette instabilité serait une forme de déséquilibre moteur de nature constitutionnelle. Pour Dupré, les troubles moteurs et psychiques sont étroitement liés. Les termes de « débilité motrice » finiront par englober ceux d'« instabilité psychomotrice ».

☐ Heuyer (1914) définit l'instabilité comme « un trouble psychomoteur dans lequel l'émotivité est labile, variable », et comme « l'inaptitude motrice à continuer la même action, à soutenir un rythme régulier, à réagir de façon constante, à persévérer dans une entreprise et au point de vue intellectuel à fixer l'attention ».

☐ Wallon (1925), quant à lui, se fonde sur des corrélations anatomocliniques pour distinguer quatre niveaux de turbulence infantile :
  • un syndrome d'insuffisance cérébelleuse : asynergie motrice et mentale, discontinuité de la pensée et du langage;
  • un syndrome d'insuffisance mésodiencéphalique : incontinence dite choréique des affects et du mouvement, énurésie associée;
  • un syndrome d'insuffisance opto-striée : incontinence des affects associée à de l'anxiété et de l'anesthésie affective (perversité);
  • un syndrome d'insuffisance frontale : défaillance du pouvoir préfrontal qui ordonne et oriente la pensée et l'affectivité, d'où une excitation désordonnée similaire aux états maniacodépressifs.

☐ Male (1932) pense que l'instabilité n'est pas le fait d'un processus psychomoteur particulier. Il la situe dans un continuum de trouble affectif allant d'un état indifférencié fait d'instabilité et d'hyperémotivité à des troubles de plus en plus caractérisés et fixés.

❏ Abramson (1940) observe chez les enfants instables :

- des difficultés à ordonner les faits malgré une bonne mémoire immédiate;
- une opposition à ce qui est stable et organisé;
- une humeur oscillante;
- un échec aux tests qui demandent coordination et précision;
- une réussite aux tests ne demandant qu'une attention de courte durée.

Selon cet auteur, les conditions de vie familiale et sociale semblent jouer un rôle dans l'éclosion et le développement de l'instabilité qui est fondamentalement basée sur le déséquilibre de trois tendances : affective, intellectuelle et motrice. Abramson situe l'instabilité dans la perspective du développement dont les manifestations à certains âges peuvent être considérées comme normales. Ainsi, l'enfant passera par des périodes d'instabilité qui correspondent à des passages d'étapes cruciales de son développement.

❏ Chorus (1942) associe l'instabilité à un état particulier de la personnalité dont l'aspect moteur (l'agitation motrice) et l'aspect psychique (l'inattention) sont les deux facettes. L'un des deux aspects peut être prévalent, comme c'est souvent le cas, mais les deux sont toujours présents. Le niveau intellectuel est normal et le retard scolaire dérive de l'instabilité.

❏ Beley (1951) fait une description clinique de l'instabilité, similaire à celle d'Abramson. Mais il souligne que l'instabilité pure est un mythe, car l'on peut et l'on doit toujours la rattacher à une cause qui est la source du problème.

❏ Michaux (1951) soutient qu'on ne peut pas vraiment partager les instabilités acquises des formes constitutionnelles. Il existe à la base de toutes les instabilités un terrain affectif particulier fait principalement d'impulsivité. Dans les formes constitutionnelles, on retrouverait un terrain neurologique qui donnerait un tableau clinique proche de la débilité motrice décrite par Dupré (1907).

❏ Kiener (1954) défend la thèse d'une instabilité constitutionnelle marquée par des anomalies neurologiques et des anomalies du développement et surtout par le début précoce d'une activité motrice exagérée.

❏ Amado (1955) pense que l'instabilité psychique pure (l'éparpillement de l'attention) existe seule alors que l'instabilité motrice n'existe jamais seule. Il soutient aussi la réalité d'une instabilité psychomotrice pure, c'est-à-dire sans troubles mentaux particuliers qui viennent se surajouter.

☐ Ajuriaguerra (1974) isole deux formes extrêmes du syndrome d'instabilité motrice :

- la forme subchoréique : les troubles moteurs y sont prévalents alors que les troubles de l'affectivité y paraissent moins importants;

- la forme caractérielle : l'arriération affective prédomine avec modification de la motricité expressionnelle.

☐ Ajuriaguerra (1974) affirme l'existence de ces deux formes extrêmes, tout en admettant celle de formes de passage. Il considère que « l'instabilité subchoréique est un mode d'être moteur, d'apparition précoce, répondant à une absence d'inhibition d'une hyperactivité qui d'ordinaire disparaît avec l'âge ». La « forme d'instabilité affectivo-caractérielle est davantage en relation avec la situation du milieu dans lequel ces enfants vivent ». Cette position dualiste a influencé les travaux de Thiffault (1982) qui définit deux formes d'hyperactivité, l'une constitutionnelle, et l'autre socio-affective.

Ce résumé des écrits français nous laisse entrevoir l'écart culturel qui sépare les auteurs qui se sont intéressés à l'hyperactivité. Pourtant les enfants qui en souffrent ne sont pas tellement différents les uns des autres. Les divergences de vues risquent toutefois de se répercuter sur la démarche diagnostique, l'interprétation des données et les modes d'intervention. On note des différences importantes entre l'Amérique et l'Europe en ce qui a trait au traitement des enfants hyperactifs, notamment à l'utilisation des stimulants. Une analyse sociologique du phénomène permettrait de déterminer l'influence des conceptions sur le comportement même des enfants.

L'évolution de la notion d'hyperactivité confirme la difficulté d'en préciser la nature et d'en saisir toutes les nuances. Les enfants partagent certes des caractéristiques comportementales mais leur regroupement dans des cohortes homogènes pose toujours des problèmes. Les tentatives pour clarifier les origines biologiques de ce type de comportement ont dominé les premières recherches sans apporter de réponses définitives. Malgré tout, on persiste à croire que l'hyperactivité est une notion distincte.

BIBLIOGRAPHIE

ABRAMSON, J. (1940), *L'enfant et l'adolescent instables*, Paris, Alcan (cité dans Dugas *et al.*, 1987).

AJURIAGUERRA (DE), J. (1974), « L'instabilité psychomotrice », *in Manuel de psychiatrie de l'enfant*, 2ᵉ éd., Paris, Masson, p. 276-298.

AMADO, G. (1955), *Les enfants difficiles*, Paris, Presses Universitaires de France (cité dans Micouin et Boucris, 1988).

AMERICAN PSYCHIATRIC ASSOCIATION (1989), *DSM III-R, Manuel diagnostique et statistique des troubles mentaux*, Paris, Masson; version originale : (1987), *Diagnostic and Statistical Manual of Mental Disorders*, 3ᵉ éd., Washington, A.P.A.

AMERICAN PSYCHIATRIC ASSOCIATION (1983), *DSM III, Manuel diagnostique et statistique des troubles mentaux*, Paris, Masson; version originale : (1980), *Diagnostic and Statistical Manual of Mental Disorders*, 3ᵉ éd. rev., Washington, A.P.A.

BAX, M. et MACKEITH, R. (1963), « Minimal cerebral dysfunction », *in Little Club Clinics in Developmental Medicine*, n° 10, London, Spastics Society et Heinemann.

BELEY, A. (1951), *L'enfant instable*, Paris, Presses Universitaires de France (cité dans Micouin et Boucris, 1988).

BOURNEVILLE (1987), *Le traitement médico-pédagogique des différentes formes de l'idiotie*, Paris, Alcan, (cité dans Dugas *et al.*, 1987).

BRADLEY, C. (1937), « The behavior of children receiving benzedrine », *in American Journal of Psychiatry*, vol. 94, p. 577-585.

BRADLEY, C. et BOWEN, M. (1940), « School performance of children receiving amphetamine (benzedrine) sulfate », *in American Journal of Orthopsychiatry*, vol. 10, p. 782-788.

BRADLEY, C. et BOWEN, M. (1941), « Amphetamine (benzedrine) therapy of children's behavior disorders », *in American Journal of Orthopsychiatry*, vol. 11, p. 91-103.

CHILDERS, A.T. (1935), « Hyper-activity in children having behavior disorders », *in American Journal of Orthopsychiatry*, vol. 5, p. 227-243.

CHORUS, A.M.J. (1942), « Les enfants instables », *in Journal de psychiatrie infantile*, vol. 3, p. 101-173 (cité dans Micouin et Boucris, 1988).

CLEMENTS, S.D. (1966), *Minimal Brain Dysfunction in Children*, Washington, D.C., Department of Health, Education and Welfare.

DEMOOR, J. D. (1900), *Les enfants anormaux à Bruxelles* (cité dans Micouin et Boucris, 1988).

DOUGLAS, V.I. (1972), « Stop, look and listen : The problem of sustained attention and impulse control in hyperactive and normal children », *in Canadian Journal of Behavioral Science*, vol. 4, p. 259-281.

DUGAS, M., ALBERT, E., HALFON, O. et NEDEY-SAYAG, M.-C. (1987), *L'hyperactivité chez l'enfant*, Paris, Presses Universitaires de France, chap. 1, p. 8-16.

DUPRÉ, E., (1913), *Débilité et déséquilibration motrices*, Paris, Médical (cité dans Dugas *et al.*, 1987).

EBAUGH, F.G. (1923), « Neuropsychiatric sequelæ of acute epidemic encephalitis in children », *in American Journal of Diseases of Children*, vol. 25, p. 89-97.

HEUYER, G. (1914), *Enfants anormaux et délinquants juvéniles*, thèse de médecine, Paris (cité dans Dugas *et al.*, 1987).

HOHMAN, L.B. (1922), « Post-encephalitic behavior disorders in children », *in Johns Hopkins Hospital Bulletin*, vol. 33, p. 372-375.

INGRAM, T.T.S. (1956), « A characteristic form of overactive behaviour in brain damaged children », *in Journal of Mental Science*, vol. 102, p. 550-558.

KAHN, E. et COHEN, L.H. (1934), « Organic drivenness : A brainstem syndrome and an experience with case reports », *in New England Journal of Medicine*, vol. 210, p. 748-756.

KIENER, S. (1954), *L'instabilité psychomotrice constitutionnelle, réactions du milieu, conséquences psychologiques pour l'enfant*, thèse de médecine, Alger, n° 36.

KNOBLOCH, H. et PASAMANICK, B. (1959), « Syndrome of minimal cerebral damage in infancy », *in Journal of the American Medical Association*, vol. 170, p. 1384.

MALE, P. (1952), « L'enfant instable », *in École Parents*, vol. 4, p. 14-23 (cité dans Micouin et Boucris, 1988).

MICHAUX, L., GALLOT, H.M., BRISSET, C.H., SCHERERRER, J. et BUGE, A. (1950), *Psychiatrie infantile*, Encyclopédie médico-chirurgicale, Paris, Presses Universitaires de France.

MICOUIN, G. et BOUCRIS, J.-C. (1988), « L'enfant instable ou hyperkinétique », *in Psychiatrie de l'enfant*, vol. XXXI, n° 2, p. 473-507.

ORGANISATION MONDIALE DE LA SANTÉ (1977), *Classification internationale des maladies*, révision 1975, vol. 1, Genève, O.M.S.

OUNSTED, C. (1955), « The hyperkinetic syndrome in epileptic children », *in Lancet*, vol. 2, p. 303-311.

PASAMANICK, B., KNOBLOCH, H. (1960), « Brain damage and reproductive casualty », *in American Journal of Orthopsychiatry*, vol. 30, p. 299-305.

PASAMANICK, B., KNOBLOCH, H. et LILIENFELD, A.M. (1956), « Socioeconomic status and some precursors of neuropsychiatric disorder », *in American Journal of Orthopsychiatry*, vol. 26, p. 594-601.

PAUL-BONCOUR, G. et PHILIPPE, J. (1905), *Les anomalies mentales chez les écoliers*, Paris, Alcan (cité dans Dugas *et al.*, 1987).

SCHACHAR, R.J. (1986), « Hyperkinetic syndrome : Historical development of the concept », *in* Taylor, E.A. (dir.), *The Overactive Child*, Spastics International Medical Publications, Philadelphia, J.-B. Lippincott Co., chap. 2, p. 19-40.

SMITH, G.B. (1926), « Cerebral accidents of childhood and their relationships to mental deficiency », *in Welfare Magazine*, vol. 17 (octobre), p. 18-33.

STILL, G.F. (1902), « The Coulstonian lectures on some abnormal psychical conditions in children », *in Lancet*, vol. 1, p. 1008-1012, 1077-1082, 1163-1168.

STRAUSS, A.A. et LEHTINEN, L.E. (1947), *Psychopathology and Education of the Brain-Injured Child*, vol. 1, New York, Grune & Stratton.

STRAUSS, A.A. et WERNER, H. (1942), « Disorders of conceptual thinking in the brain-injured child and the traumatic brain-injured adult », *in American Journal of Psychiatry*, vol. 96, p. 835-838.

THIFFAULT, J. (1982), *Les enfants hyperactifs*, Montréal, Québec/Amérique.

TOUWEN, B.C.L. (1979), *Examination of the Child with Minor Neurological Dysfunction*, 2e éd., London, S.I.M.P., Heinemann.

TREDGOLD, A.F. (1914), *Mental Deficiency (Amentia)*, 2e éd., New York, W. Wood, (cité dans Schachar, 1986).

WALLON, H. (1925), *L'enfant turbulent*, Paris, Alcan, 2e éd., 1984, coll. « Quadrige », n° 60.

WENDER, P.H. (1971), *Minimal Brain Dysfunction in Children*, New York, Wiley.

2

L'hyperactivité est-elle un syndrome spécifique ?

*A*ux yeux de ceux qui les observent, les enfants hyperactifs paraissent différents des enfants dits normaux et de ceux qui présentent d'autres troubles du comportement. Mais ces différences suffisent-elles pour définir un syndrome spécifique ? Plusieurs auteurs sont persuadés que oui; d'autres s'interrogent encore sur la validité même de la notion d'hyperactivité (Lahey *et al.*, 1980; Sandberg *et al.*, 1980). Cependant, tous admettent que les enfants éprouvent de réelles difficultés. Là n'est pas le véritable débat. C'est plutôt sur la reconnaissance de l'hyperactivité en tant qu'entité clinique proprement dite et distincte que l'on ne s'entend pas.

La validation d'un syndrome ne se borne pas, en effet, à un simple exercice d'étiquetage. Elle comprend plusieurs étapes indispensables : recherche des causes entraînant les troubles observés, description des manifestations et de l'évolution naturelle du problème, évaluation des réponses obtenues aux divers traitements et interventions. La démarche suivie jusqu'ici relativement à l'hyperactivité n'a pas respecté ces étapes. Les termes utilisés par les auteurs sont ambigus; les critères servant à déterminer le seuil entre le comportement normal et l'hyperactivité restent imprécis; on confond souvent un déficit d'attention avec hyperactivité et des troubles de la conduite. L'hyperactivité prend une signification différente suivant qu'on la rattache à telle ou telle entité clinique (par ex. : hyperactivité avec retard mental; hyperactivité avec déficit d'attention). De même, les critères diagnostiques ne sont pas uniformes et l'on n'est pas parvenu à établir une distinction très nette entre ce qui constitue l'évolution habituelle des cas et les complications reliées à cette problématique. Voilà autant d'embûches à surmonter si l'on veut clarifier la question.

Les nombreux écrits scientifiques sur le sujet font donc état d'observations contradictoires et soulèvent beaucoup plus de questions qu'ils n'apportent de réponses. Cette imprécision remet-elle en cause tous les modèles conceptuels qui ont été proposés jusqu'ici ou bien consacre-t-elle tout simplement la complexité du comportement humain et de son étude ?

2.1 LA PRÉVALENCE DE L'HYPERACTIVITÉ

2.1.1 Les écarts entre les études

Les études de prévalence montrent à quel point la conception de l'hyperactivité en tant qu'entité définie est fragile. Les taux de prévalence du trouble déficitaire de l'attention avec hyperactivité varient de 1 %

à 14,3 % dans la population des enfants d'âge scolaire (voir Tableau 2.1). Plusieurs facteurs peuvent expliquer ces écarts :

☐ La nature des symptômes étudiés. Le manque d'attention et l'hyperactivité sont les deux symptômes pris en considération la plupart du temps. Mais certains chercheurs incluent aussi dans leur analyse des symptômes comme la faible tolérance à la frustration, l'irritabilité, les crises de colère et les difficultés de relations avec les pairs. Tous ces symptômes pourraient refléter d'autres types de problèmes de comportement.

TABLEAU 2.1
Prévalence de l'hyperactivité

Auteurs	N	Âge	Échantillon	Méthode	Préva-lence	Radio M :F
Werner *et al.* (1968)	750	10 ans	Cohorte de nouveau-nés	Entrevue	5,90 %	2,7 :1
Rutter *et al.* (1970b)	2 199	10-11 ans	Population générale	Entrevue	0,09 %	—
Miller *et al.* (1973)	849	3e-6e année	Population scolaire	Entrevue	5,50 %	6,8 :1
Lambert *et al.* (1978)	5 212	maternelle-5e année	Population scolaire	Questionnaire	1,19 %	6,8 :1
Trites *et al.* (1979)	14 083	3-12 ans	Population scolaire	Questionnaire (1,5 écart-type)	14,30 %	2,7 :1
Nichols et Chen (1980)	29 889	7 ans	Cohorte de nouveau-nés	Questionnaire (1,5 écart-type)	7,90 %	1,6 :1
Glow (1981)	256	5-12 ans	Population scolaire	Questionnaire (2,0 écart-type)	6,60 %	4,6 :1
Schachar *et al.* (1981)	1 536	10-11 ans	Population générale	Questionnaire	2,20 %	2,9 :1
Holborrow *et al.* (1984)	1 908	1re-7e année	Population scolaire	Questionnaire (2,0 écart-type)	5,60 %	3,7 :1
McGee *et al.* (1985)	951	7 ans	Cohorte de nouveau-nés	Questionnaire	1,90 %	8,3 :1
Shekim *et al.* (1985)	114	9 ans	Population scolaire	Entrevue structurée	14,00 %	2,0 :1
Szatmari *et al.* (1989b)	2 722	4-16 ans	Population générale	Questionnaire	6,30 %	3,0 :1

Source : Szatmari *et al.*, 1989b (traduit et adapté).

- Les méthodes de cueillette de données. Différentes techniques sont utilisées pour recueillir les informations : questionnaires sur le comportement, entrevue clinique ou observation directe. Celle-ci évalue un comportement ponctuel alors que le questionnaire fait référence à des comportements observés sur une plus longue période de temps.

- Les sources d'information. Les parents, les enseignants, les intervenants et les enfants eux-mêmes sont appelés à décrire les difficultés rencontrées. L'intensité du problème, les perceptions de tous et chacun, le contexte dans lequel les informateurs évoluent risquent d'influencer leurs réponses et de conduire à une pondération différente des diverses manifestations. Les taux de prévalence varient d'ailleurs de 1 % à 13 % selon la source d'information utilisée.

- Les critères de diagnostic. Il est difficile d'établir une valeur-seuil à partir de laquelle un comportement devient pathologique ou est reconnu comme déviant. Les auteurs ne s'entendent pas sur la question. De plus, l'hyperactivité est un symptôme que l'on rencontre fréquemment dans d'autres problèmes de comportement, par exemple dans les troubles de la conduite.

- Les caractéristiques de l'échantillon. La taille de l'échantillon, l'âge des enfants, la structure familiale, le statut socio-économique et le cadre d'observation sont autant de facteurs susceptibles d'influencer les résultats.

2.1.2 La prévalence des symptômes

Szatmari et quelques collaborateurs (1989b) ont étudié la prévalence des symptômes associés à un trouble déficitaire de l'attention avec hyperactivité dans une population générale d'enfants âgés de 4 à 16 ans. Leur étude nous apporte une meilleure compréhension du problème compte tenu des difficultés méthodologiques signalées précédemment. Mentionnons qu'au moment de leur étude les auteurs ont utilisé la nomenclature proposée par le DSM III (1980) (voir Tableau 1.2) où l'on distingue le trouble déficitaire de l'attention avec hyperactivité (TDAH) du trouble déficitaire de l'attention sans hyperactivité (TDA). Les auteurs ont noté une prévalence globale du TDAH de 9 % pour les garçons et de 3,3 % pour les filles. Il est toutefois intéressant d'analyser la variation des taux de prévalence en fonction de certains facteurs :

☐ La prévalence des symptômes. Les auteurs de la même étude ont analysé la prévalence de deux manifestations relatives à chacun des principaux symptômes du TDAH : la faible capacité d'attention, l'impulsivité et l'hyperactivité (voir Tableau 2.2). Chacun des énoncés était coté 0, 1 ou 2 selon qu'il ne s'appliquait jamais ou selon qu'il était présent occasionnellement ou souvent, et cela pour un score total variant entre 0 et 12. Un score de 9 pour les enfants de 4 à 11 ans et un score de 8 ou plus pour les adolescents de 12 à 16 ans discriminaient sensiblement les enfants qui recevaient un diagnostic de TDAH lors de l'entrevue psychiatrique. Le tableau 2.2 nous montre que le taux de prévalence d'un énoncé n'est pas nécessairement égal à la prévalence totale du TDAH. Respectivement parents et enseignants considéraient comme inattentifs 7,5 % et 15 % des garçons âgés de 4 à 11 ans alors que la prévalence totale du TDAH était de 10,1 % pour le même groupe d'âge. Le fait que le diagnostic de TDAH repose sur plusieurs critères évalués dans divers contextes explique ces résultats. Ainsi, le degré d'inattention n'est pas nécessairement le même à l'école qu'à la maison. De plus, pris isolément, aucun critère n'a de véritable signification. Les résultats démontrent que peu importent l'âge ou la source des informations, les garçons présentent, dans une proportion plus grande, des symptômes d'inattention, d'impulsivité et d'hyperactivité. De façon constante, les enseignants attribuent un score plus élevé aux enfants de 4 à 11 ans. Il est intéressant aussi de noter que les jeunes de 12 à 16 ans n'hésitent pas à reconnaître eux-mêmes leurs difficultés. Pour l'ensemble du groupe, les parents rapportent une fréquence de symptômes inférieure. La prévalence du TDAH est plus élevée entre 6 et 9 ans et elle est moindre chez les enfants de 4 et 5 ans de même que chez les adolescents de 14 et 15 ans.

☐ La prévalence en fonction du caractère situationnel ou généralisé (*pervasive*) des symptômes. Les auteurs concluaient à un problème généralisé si toutes les sources d'information (parents, enseignants, jeunes) donnaient une cotation égale ou supérieure à 9 et à un problème situationnel si seulement une des sources dépassait ce seuil. Entre 4 et 11 ans, seulement 15,5 % des garçons ayant un TDAH présentaient un problème généralisé. Cette proportion descend à 4,9 % à l'adolescence. Dans cette étude, aucune fille, quel que soit son âge, ne présentait un problème généralisé.

☐ La prévalence en fonction de la présence ou de l'absence d'hyperactivité. Déficit attentionnel et hyperactivité sont associés chez 86,9 % des garçons et 65,3 % des filles âgés de 4 à 11 ans. Ces proportions diminuent entre 12 et 16 ans pour s'établir respectivement à 70,7 % et à 61,6 % pour les deux groupes. Ces données ne nous éclairent pas pour autant sur la nature exacte de la relation entre les deux symptômes.

❏ La prévalence en fonction d'une association entre le TDAH et d'autres troubles du comportement. Environ 40 % des enfants présentant un TDAH ont aussi des troubles de la conduite. Une proportion de 53 % des enfants de 4 à 11 ans (65,6 % des garçons et 17,2 % des filles) cumulent en plus de leur problème de base un ou plusieurs diagnostics reliés à des difficultés d'ordre affectif (troubles de la conduite, traits névrotiques, somatisation, etc.).

TABLEAU 2.2
Prévalence du TDAH* et des symptômes en fonction de l'âge et du sexe

		4-16 ans	4-11 ans	12-16 ans	
Prévalence du TDAH	Garçons	9,00 %	10,10 %	7,30 %	
	Filles	3,30 %	3,30 %	3,40 %	
Prévalence des symptômes	Âge Répondants	4-11 ans Parents	4-11 ans Enseignants	12-16 ans Parents	12-16 ans Jeunes
A. Faible capacité d'attention					
Est inattentif	Garçons	7,50 %	15,00 %	7,50 %	8,50 %
	Filles	4,10 %	8,20 %	3,50 %	7,20 %
Est facilement distrait	Garçons	3,20 %	13,10 %	2,70 %	7,20 %
	Filles	1,50 %	4,70 %	1,20 %	7,30 %
B. Impulsivité					
Agit sans penser	Garçons	2,40 %	8,30 %	2,30 %	5,10 %
	Filles	1,80 %	2,60 %	1,50 %	5,80 %
Ne peut attendre son tour	Garçons	3,90 %	7,00 %	2,50 %	9,20 %
	Filles	1,70 %	2,80 %	0,70 %	4,20 %
C. Hyperactivité					
Ne peut rester assis	Garçons	10,90 %	11,60 %	7,90 %	12,50 %
	Filles	5,10 %	3,60 %	3,20 %	10,70 %
Bouge tout le temps	Garçons	3,60 %	11,70 %	2,20 %	7,40 %
	Filles	3,50 %	4,10 %	1,50 %	5,10 %

* TDAH : trouble déficitaire de l'attention avec hyperactivité.

Source : Szatmari *et al.*, 1989b (traduit et adapté).

Toutes ces données soulignent la très grande variation des taux de prévalence en fonction de l'âge et du sexe de l'enfant, de la qualité de l'observateur et du contexte. Reste à savoir si ces différences sont réelles ou tributaires d'une perception du problème.

2.1.3 *Les variations culturelles*

Les chercheurs ont toujours été intrigués par la différence marquée entre l'Amérique du Nord et l'Europe quant aux taux de prévalence de l'hyperactivité. Le diagnostic d'hyperactivité est posé 20 à 40 fois plus souvent aux États-Unis qu'en Angleterre dans la population des enfants vus en consultation psychiatrique. Les recherches n'ont pas permis de confirmer l'hypothèse selon laquelle des facteurs génétiques, culturels (par ex. : styles éducatifs) ou environnementaux (par ex. : pollution, type d'alimentation) pourraient entraîner de réelles différences. La discordance n'est pas expliquée non plus par des différences dans la perception du problème. Des études menées dans les deux pays montrent que, dans une égale proportion, les parents et les enseignants découvrent les enfants hyperactifs à l'aide des questionnaires d'évaluation du comportement. En définitive, les cliniciens des deux pays utilisent des termes différents pour caractériser la même clientèle d'enfants (Stewart *et al.*, 1981; Safer et Allen, 1976). En Grande-Bretagne, 82 % des enfants manifestant des troubles de la conduite présentent aussi de l'hyperactivité (Taylor, 1983) alors qu'aux États-Unis, 75 % des enfants hyperactifs montrent également de l'agressivité (Safer et Allen, 1976; Cantwell, 1978; Barkley, 1982). Le système de classification utilisé en Europe ne permet qu'un seul diagnostic. Un enfant qui présente de l'agressivité en plus de son hyperactivité sera classé dans la catégorie des troubles de la conduite (Taylor, 1986a). Aux États-Unis, un enfant peut à la fois recevoir les diagnostics de déficit d'attention avec hyperactivité et de trouble de conduite. Les différences semblent donc ténues, mais il persiste toujours dans la population clinique une discordance pour laquelle nous n'avons pas d'explications valables.

Le recours à un instrument de mesure commun pour identifier les enfants hyperactifs fournit d'autres indications sur les différences culturelles. L'utilisation du questionnaire de Conners dans sa forme abrégée et l'adoption d'un même seuil critique d'identification a permis d'observer des taux de prévalence respectifs pour les garçons et les filles de 12 % et 5 % en Allemagne, de 22 % et 9 % en Nouvelle-Zélande, de 22 % et 10 % en Espagne et de 20 % et 3 % en Italie (O'Leary *et al.*, 1985). Une disparité marquée entre les taux peut s'expliquer par des pratiques éducatives et médicales différentes ou peut être le fait de la réalité vécue. Des taux comparables signifient une exposition à des facteurs d'influence et à un environnement similaires.

La plupart des données obtenues à ce jour concernent le monde occidental. En Chine, Shen et ses collègues (1985) ont relevé un taux de prévalence du déficit de l'attention avec hyperactivité de 3,1 % en région urbaine et de 7 % dans les régions montagneuses. Comme partout ailleurs, la représentation des garçons dépasse celle des filles (6 :1). Ces chiffres sont plus bas que ceux obtenus dans d'autres pays, mais il faut préciser que l'instrument de mesure utilisé n'était pas comparable à celui employé dans les autres études où les taux varient entre 1,9 % et 13 % selon le type de population étudié (Li *et al.*, 1989).

La variation dans les taux de prévalence souligne la difficulté de poser un diagnostic précis à partir de critères comportementaux. Elle remet également en question la notion d'un syndrome stable quels que soient les facteurs en cause. Enfin, les présumées différences culturelles semblent être plutôt reliées au processus diagnostique sans toutefois que l'on puisse élucider cet aspect.

2.2 LA RECHERCHE ÉTIOLOGIQUE ET SES QUESTIONS

La recherche étiologique vise à déterminer les causes (organiques ou autres) et les facteurs conjoints qui permettront à la fois de déceler avec exactitude les enfants hyperactifs et de prédire l'évolution du problème ainsi que la réaction au traitement. On présume généralement que la découverte d'une cause précise et unique offre de meilleures chances d'appliquer un traitement approprié et d'exercer une prévention efficace. Mais l'étude du comportement humain ne se réduit pas à un ou deux facteurs explicatifs. Jusqu'ici les recherches ont plutôt révélé la complexité du problème de l'hyperactivité et le nombre important de variables à prendre en considération dans l'analyse de tout résultat. Plusieurs avenues de recherche ont été explorées. Certaines sont plus prometteuses que d'autres, mais aucune ne débouche sur des conclusions définitives.

2.2.1 La notion d'atteinte cérébrale

a) Les effets d'une atteinte cérébrale

La relation entre une atteinte cérébrale et des modifications subséquentes du comportement est un phénomène bien connu (Rutter, 1981;

Shaffer, 1985). Nous avons vu au chapitre précédent jusqu'à quel point la notion clinique d'atteinte cérébrale a influencé les chercheurs qui se sont penchés sur la question de l'hyperactivité. Les enfants souffrant d'une atteinte cérébrale comme l'épilepsie ou la paralysie cérébrale encourent un risque cinq fois plus grand (30 % contre 6 %) de développer un trouble psychiatrique (Rutter *et al.*, 1983). Il en va de même pour les traumatismes crâniens graves. La relation est solide et logique mais elle n'est pas spécifique de l'hyperactivité. Les troubles de la conduite et les désordres affectifs d'autre nature restent les diagnostics le plus souvent posés chez les enfants avec ou sans atteinte neurologique (Rutter *et al.*, 1970b). Les enfants ayant souffert d'une atteinte cérébrale sont plus sujets à l'hyperactivité, mais ils sont aussi plus portés aux comportements d'hypoactivité ou de persévération (Rutter *et al.*, 1970a). L'hyperactivité n'est donc pas pathognomonique d'une atteinte cérébrale. Par contre, des facteurs biologiques pourraient être plus directement liés à la pathogénèse du syndrome hyperkinétique tel que défini par le CIM-9 (O.M.S., 1977) et qui est plus fréquent dans les atteintes cérébrales déclarées et dans le retard mental.

Shaffer et ses collaborateurs (1975) ont cherché à établir une relation entre la localisation d'une lésion cérébrale et l'apparition éventuelle de problèmes de comportement. De façon générale, les enfants atteints ont un risque plus élevé de souffrir de troubles psychiatriques. Toutefois, il n'existe pas de relation entre de tels troubles et le site de la lésion si ce n'est que les lésions pariéto-occipitales droites entraînent moins souvent des complications de cette nature. Les conclusions de cette étude sont limitées par le fait que les lésions du cortex cérébral n'occasionnent peut-être pas de changements sur le plan des comportements qui sont modulés par des structures cérébrales plus profondes. Dans ses travaux, Ounsted (1955) émet l'hypothèse que le syndrome hyperkinétique est plus fréquent chez les enfants souffrant d'épilepsie du lobe temporal. Certains auteurs ont cependant infirmé cette hypothèse (Aird et Yamamoto, 1966), et d'autres (Stores *et al.*, 1978) ont ajouté que les anomalies électro-encéphalographiques indiquant une dysfonction du lobe temporal n'étaient pas de bons indices de ce type de problème psychiatrique.

b) Les complications périnatales

Des complications survenant durant la grossesse ou lors de l'accouchement peuvent causer des lésions cérébrales chez l'enfant. Les prématurés décédés durant la période néonatale présentent des changements pathologiques au niveau de diverses structures cérébrales :

hippocampe, corps calleux, cervelet ou autres (Fuller *et al.*, 1983). Il est donc logique de penser que des lésions similaires, mais de moindre importance, puissent se retrouver chez les prématurés qui survivent. On observe souvent en effet de petites lésions dans les régions profondes du cerveau chez certains de ces enfants (Towbin, 1980). Cependant, les facteurs de risque et les complications de la période périnatale ne peuvent prédire que dans une certaine mesure les problèmes psychologiques qui pourront apparaître plus tard.

L'étude de Hartsough et Lambert (1985) montre que les enfants hyperactifs se caractérisent par des antécédents périnataux plus lourds, par exemple l'état de santé déficient de la mère durant la grossesse, la présence de toxémie, le jeune âge de la mère, une durée prolongée du travail à l'accouchement, une détresse fœtale, la postmaturité et des problèmes congénitaux. Ces données ne nous permettent pas pour autant de conclure à l'existence d'un lien de cause à effet. Un grand nombre d'enfants hyperactifs n'ont pas présenté de tels problèmes à cette période de leur vie, et les complications qui surviennent sont fréquemment liées à des conditions familiales et sociales difficiles (Sameroff et Chandler, 1975).

Neligan et ses collaborateurs (1976) ont suivi jusqu'à l'âge de sept ans des enfants nés prématurément ou étant de petit poids à la naissance. Les auteurs ont noté que les problèmes de comportement, qui étaient plus fréquents chez les sujets de ce groupe que chez ceux du groupe témoin, se caractérisaient non seulement par de l'hyperactivité et de la distractivité, mais aussi par de l'agressivité et de l'anxiété. Des analyses statistiques de type régression multiple ont révélé que les facteurs familiaux permettent mieux que les facteurs biologiques de prédire des problèmes de comportement surtout chez les bébés de petit poids à la naissance. Chez les prématurés, les facteurs familiaux étaient parfois reliés à d'autres facteurs comme le tabagisme maternel en cours de grossesse, les hémorragies antepartum et un accouchement anormal. Dans le cas du tabagisme maternel, il faudrait se demander si ce facteur a un effet direct sur le cerveau ou s'il reflète un style de vie familiale ou la personnalité de la mère, deux éléments qui auraient pu eux aussi contribuer au problème de l'enfant. Il ne s'agit pas de nier l'influence des facteurs biologiques, qui est réelle même si d'autres facteurs interviennent en même temps, mais de constater que leur effet demeure discret sauf, bien entendu, dans les cas les plus graves.

Les conclusions mentionnées ci-dessus sont également appuyées par des études importantes comme celle de Nichols et Chen (1980).

Ces chercheurs démontrent que les complications survenant durant la grossesse et à l'accouchement ne sont pas les meilleurs indices pour prédire que l'enfant aura, à l'âge de sept ans, un comportement hyperactif et impulsif. L'étude longitudinale de Werner et Smith (1977), qui porte sur les enfants de l'île de Kauai, abonde dans le même sens et montre que les complications périnatales ne sont significatives que si des conditions sociales défavorables viennent s'ajouter. D'autres facteurs interviennent dans le développement d'un problème d'hyperactivité. Ce sont, chez l'enfant, de faibles capacités cognitives, de l'incoordination motrice et un niveau exagéré d'hyperactivité en bas âge. Dans la famille, on note de l'hyperactivité chez les frères et sœurs, l'absence du père ou des déménagements fréquents.

Toutes ces études doivent amener le clinicien à ne pas accorder une importance exagérée à des facteurs comme une grossesse compliquée ou une période néonatale difficile. D'autres facteurs influent sur le développement des problèmes de comportement y compris l'hyperactivité. Il n'y a pas lieu non plus d'inférer automatiquement, à partir de l'observation d'un comportement hyperactif, que l'enfant a subi pendant la période périnatale une atteinte cérébrale qui serait passée inaperçue. Il est probable que l'amélioration des techniques d'investigation du cerveau chez le nouveau-né pourra apporter des réponses plus convaincantes. Nous savons déjà que les enfants chez qui l'échographie cérébrale a révélé de petites hémorragies périventriculaires, suivies d'une dilatation ventriculaire, auront le plus souvent des retards moteurs et cognitifs (Stewart, 1983).

c) *Les facteurs toxiques*

Le plomb est un élément toxique que l'on retrouve dans l'environnement. Ses effets sur le comportement ont été beaucoup analysés. On sait qu'une intoxication grave au plomb cause une encéphalopathie et occasionne, dans la phase de récupération, certaines difficultés comme de l'agitation et de l'inattention. Plusieurs chercheurs ont essayé de voir s'il existe aussi une relation entre une faible exposition au plomb et des atteintes cognitives ou des perturbations du comportement. En se servant de la concentration de plomb dans les dents comme indice d'exposition au plomb, Needleman et ses collègues (1979) ont étudié deux groupes d'enfants. Un groupe de 58 enfants avait une concentration élevée (plus de 24 ppm) et un autre, de 100 enfants, avait une concentration faible (moins de 6 ppm). Les chercheurs ont noté des différences statistiquement significatives entre les deux groupes au détriment du groupe à concentration élevée. Ces différences concernaient le quotient intellectuel, diverses mesures des processus auditifs et langagiers, la qualité de l'attention de même que la fréquence des comportements scolaires mésadaptés. Toutefois, la relation n'apparaît pas très forte puisque, par exemple, l'écart dans le quotient intellectuel n'était que de quatre points.

Bien que le lien ne soit pas très marqué, il n'en demeure pas moins constant, comme l'ont démontré les travaux du groupe de Yule (1981) et ceux de Winneke (1983). Mais l'interprétation des résultats des diverses études suscite bon nombre de questions. Le plomb affecte-t-il directement les fonctions psychologiques ? Les enfants ayant des problèmes de comportement ont-ils tendance à s'approcher plus que les autres des sources de plomb ? L'exposition au plomb et les problèmes de comportement relèvent-ils d'une seule et même cause : conditions psychosociales défavorables, par exemple ? Les conclusions découlant de l'ensemble des observations semblent indiquer que le plomb a un effet direct sur le comportement et la cognition. Mais ce ne serait qu'un élément parmi tous ceux qui peuvent prédisposer l'enfant aux troubles de comportement. L'exposition au plomb n'est certes pas la cause principale de l'hyperactivité et ses effets ne sont pas vraiment spécifiques. Mais les différentes études sur le sujet nous rappellent que des facteurs environnementaux jumelés à d'autres facteurs inhérents à l'enfant peuvent produire des effets néfastes.

L'alcool est un autre facteur de toxicité. La consommation excessive d'alcool par la mère durant la grossesse entraînerait des problèmes d'hyperactivité et des troubles d'apprentissage chez son enfant même s'il n'a pas développé de syndrome alcoolo-fœtal classique (retard de croissance intra-utérine, microcéphalie, anomalies des fissures palpébrales, retard mental). Tout comme dans le cas du plomb, les effets directs de l'alcool sur le cerveau se conjuguent avec les problèmes psychosociaux pour perturber le comportement de l'enfant. (Gold et Sherry, 1984).

Les recherches sur les traumatismes crâniens, les complications périnatales ou les facteurs toxiques montrent qu'une atteinte cérébrale accroît chez l'enfant la prédisposition aux problèmes de comportement mais n'est pas nécessairement la cause directe de ceux-ci. L'hyperactivité n'est pas non plus une manifestation spécifique d'une atteinte cérébrale. À elle seule l'observation d'un comportement hyperactif ne permet pas d'attribuer le problème à une cause lésionnelle. En général, l'atteinte cérébrale doit être grave pour se traduire par des symptômes comportementaux.

2.2.2 *Le retard de maturation*

Les enfants hyperactifs donnent habituellement l'impression de manquer de maturité tant du point de vue neuromoteur que du point de vue affectif. Ils présentent des signes neurologiques mineurs (*soft signs*), que l'on considère souvent comme un indice de retard de la maturation neurologique. Ces signes s'observent plus fréquemment chez les enfants hyperactifs (Werry *et al.*, 1972) sans pour autant être typiques de l'hyperactivité puisqu'on les associe à de tout autres problèmes de comportement (Mikkelsen *et al.*, 1982). On fait également mention d'une relation étroite entre l'incoordination motrice (dyspraxie) et l'hyperactivité. Shaffer et ses collaborateurs (1983) ont constaté que la maladresse motrice chez des enfants de sept ans laisse mieux présumer un quotient intellectuel inférieur que le degré d'hyperactivité. Par contre, d'autres auteurs affirment que maladresse et hyperactivité vont toujours de pair sans que ces deux caractéristiques n'appartiennent obligatoirement à la même entité clinique (Esser et Schmidt, 1982; Nichols et Chen, 1980).

L'origine de la dyspraxie reste obscure. Les enfants qui ont un retard intellectuel présentent dans une plus grande proportion des anomalies neurodéveloppementales telle la dyspraxie. Cette dernière peut résulter d'une difficulté à prévoir et à contrôler les mouvements au même titre que les difficultés cognitives s'expriment par des lacunes dans le traitement de l'information et l'incapacité de résoudre les problèmes.

Cantwell et ses collaborateurs (1980) ont observé que la fréquence des troubles déficitaires de l'attention avec hyperactivité était plus élevée chez les enfants qui accusent un retard de langage. Plusieurs questions sous-tendent l'existence de cette relation. Le retard de langage interfère-t-il dans le développement normal de l'attention ? L'enfant qui ne peut s'exprimer verbalement est-il amené à privilégier un mode d'expression davantage moteur ? Le caractère limité des échanges verbaux entre les parents et l'enfant est-il accompagné d'un style éducatif axé principalement sur le contrôle physique, de sorte que, en définitive, on encourage l'enfant à persister dans son agitation ? L'hyperactivité et le retard dans le développement verbal s'inscrivent peut-être dans un même processus de retard dans la maturation ou de vulnérabilité neurologique. Aucune de ces explications n'a toutefois encore reçu confirmation.

Le manque de maturité affective est beaucoup plus difficile à cerner. Les parents disent souvent que leur enfant a un comportement infantile ou qu'il manque d'autonomie. Ces comportements sont-ils l'expression exacte d'un manque de maturité ? L'agitation motrice, le rejet par les pairs, l'intolérance du milieu poussent peut-être ces enfants à se joindre à ceux dont l'activité motrice est semblable à la leur. Les enfants hyperactifs ont de la difficulté à saisir les messages informels contenus implicitement dans les interactions sociales, ce qui les empêche de moduler leur comportement en fonction de la situation donnée. Les causes et les effets d'un manque de maturité ont tendance à se confondre.

L'hypothèse d'un retard de maturation est séduisante, certes, et elle semble correspondre au comportement de certains enfants hyperactifs dont l'agitation est nettement inappropriée pour leur âge. Mais elle ne permet pas d'élucider les mécanismes sous-jacents qui interviennent aussi.

2.2.3 Les dysfonctions cérébrales

Pour expliquer l'hyperactivité, plusieurs théories se réfèrent à un dysfonctionnement cérébral. C'est l'impossibilité de mettre en évidence une lésion définie ou une anomalie structurale du cerveau qui incite les chercheurs à opter pour une altération des fonctions cérébrales. Plusieurs hypothèses ont été émises en ce sens.

a) Le lobe frontal

Mattes (1980) a constaté des similitudes entre le comportement d'enfants présentant un trouble déficitaire de l'attention avec hyperactivité et celui d'adultes ayant été atteints de lésions du lobe frontal. Plusieurs recherches neuropsychologiques ont porté sur cette question mais aucune n'est arrivée à des conclusions définitives. Avec ses collaborateurs, Loge (1990) a soumis des enfants ayant un déficit d'attention et des enfants normaux à toute une série d'épreuves pour évaluer les fonctions qui sont attribuées généralement au lobe frontal. Ces chercheurs ont pu déceler plusieurs déficits cognitifs reliés au manque d'attention, mais sans pouvoir mettre en évidence de façon claire un dysfonctionnement du lobe frontal. Ces résultats contredisent ceux d'autres études et soulignent la difficulté d'évaluer les fonctions cérébrales. Même si l'on arrivait à découvrir un profil neuropsychologique particulier chez ces enfants, la cause n'en serait pas pour autant révélée. Des facteurs héréditaires, des anomalies structurales minimes ou encore des carences environnementales pourraient tout aussi bien occasionner la dysfonction. Zametkin et ses collaborateurs (1990) ont trouvé une réduction de 8 % du métabolisme du glucose au niveau du cortex prémoteur et préfrontal supérieur chez des adultes ayant été reconnus comme des hyperactifs de type généralisé durant leur enfance. Cette observation permettrait sans doute de mettre au point un marqueur biologique pour la détermination d'un sous-groupe d'enfants hyperactifs.

Les autres régions corticales semblent être moins en cause dans les déficits de l'attention. Gerschwind (1982) a bien souligné le rôle que remplit l'hémisphère droit dans l'attention chez les adultes qui ont des lésions cérébrales localisées à ce niveau. Mais les enfants hyperactifs ne présentent pas de façon marquée des signes reliés à une dysfonction hémisphérique droite.

b) Le système réticulé

Le système réticulé est un faisceau de fibres nerveuses reliant diverses parties du cerveau, du cortex à la partie supérieure de la moelle épinière (Luria, 1980). Un animal dont le système réticulé est stimulé devient plus vigilant et plus actif, alors qu'un animal atteint d'une lésion à ce niveau peut devenir comateux. Le système réticulé ascendant joue un rôle primordial dans la modulation de l'activité corticale. Les recherches montrent qu'une stimulation de la formation réticulée au niveau du mésencéphale entraîne une réaction d'éveil et augmente le seuil d'excitabilité tout en réduisant la réponse aux stimuli perturbant l'attention.

L'animal dont le système réticulé est stimulé s'oriente vers la source de stimulation et son système nerveux autonome subit des changements : diminution de la résistance électrique cutanée, dilatation des pupilles, modifications du rythme cardiaque et variations dans le synchronisme électrique cérébral.

Les enfants hyperactifs ont-ils un système réticulé qui est stimulé de façon exagérée, et peut-on mesurer ou quantifier ce problème à l'aide des mesures du système nerveux autonome ? Celles-ci ne permettent pas de distinguer les enfants hyperactifs des enfants normaux (Barkley et Jackson, 1977). Wender (1971) a laissé entendre que les enfants atteints d'une dysfonction cérébrale minime montraient une élévation exagérée (*overarousal*) du niveau de l'éveil et simultanément une diminution de la réponse aux mesures de renforcement (négatif ou positif). D'autres études proposent la version contraire, du moins pour un sous-groupe d'enfants hyperactifs, mais ne définissent pas les critères comportementaux qui les identifieraient (Rapoport et Ferguson, 1981). Des recherches sur les structures cérébrales responsables du contrôle de l'éveil et de l'attention et ayant une incidence sur l'apprentissage et la motivation pourraient sans doute éclairer la nature des relations entre le fonctionnement cérébral et le comportement.

c) Les neurotransmetteurs

Plusieurs hypothèses concernant les amines cérébrales (substances biochimiques qui jouent un rôle dans le fonctionnement du cerveau) ont été proposées pour expliquer le déficit d'attention avec hyperactivité. Trois substances ont fait l'objet d'études plus poussées : la dopamine (DA), la norépinéphrine (NE) et la sérotonine (5-hydroxytryptamine ou 5-HT). Les résultats de ces études sont souvent contradictoires et difficiles à interpréter. En effet, on s'est basé sur le dosage d'un produit de dégradation dans le plasma, l'urine ou le liquide céphalo-rachidien. Or, une mesure périphérique comme celle-là ne reflète pas nécessairement l'activité métabolique réelle de tel neurotransmetteur au niveau cérébral.

Des études menées chez l'animal montrent que certains types de lésions cérébrales associées à un comportement hyperactif et désorganisé ainsi qu'à une intolérance à la frustration sont accompagnés d'une déplétion de la dopamine (Le Moal et al., 1977). Elles indiquent également qu'une baisse de dopamine provoquée expérimentalement chez le rat entraîne un comportement hyperactif et un blocage dans l'apprentissage des comportements d'évitement. Toutefois, Wender et ses collègues (1971) n'ont pas trouvé de différences significatives dans le dosage de l'acide homovanillique, un métabolite de la dopamine, dans l'urine des enfants hyperactifs.

Chez le jeune rat, l'administration intrapéritonéale ou intraventriculaire de 6-hydroxy dopamine entraîne une déplétion de la norépinéphrine cérébrale (Shaywitz et al., 1982) et cause une hyperactivité qui a tendance à diminuer au fur et à mesure que le rat grandit. Ces résultats ont permis d'émettre l'hypothèse que le méthylphénidate et les amphétamines sont en mesure de renverser les effets de la 6-hydroxy dopamine sur le comportement (Shaywitz et al., 1977).

Encore une fois, les résultats obtenus chez les enfants hyperactifs ne sont pas très convaincants. Le dosage d'un métabolite de la NE, le MHPG (3-hydroxy, 4-méthoxyphényléthylène glycol), dans le liquide céphalo-rachidien des enfants hyperactifs serait normal (Shaywitz *et al.*, 1977). Par contre, Shekim et ses collaborateurs (1983) ont mené une série d'études qui indiquent que les garçons ayant un déficit de l'attention avec hyperactivité avaient une excrétion urinaire de MHPG inférieure à la normale et qu'un traitement à la dextro-amphétamine réduisait davantage la concentration de MHPG tout en augmentant la concentration d'acide homovanillique. Il est donc possible que ces enfants aient un système NE hypoactif, qui sera inhibé par les stimulants, lesquels en contrepartie pourraient activer le système dopaminergique. Ces résultats restent partiels, car il semble que les stimulants aient plutôt un effet non spécifique sur les systèmes de neurotransmetteurs. Il semble également y avoir des différences selon le type de stimulant utilisé.

La DBH (dopamine beta-hydroxylase) est une enzyme activant la synthèse de la NE à partir de la dopamine. Rapoport et son groupe (1974) ont trouvé une concentration plus basse de DBH chez des enfants hyperactifs porteurs d'anomalies congénitales mineures. Mais des résultats similaires ont été obtenus chez des garçons qui présentaient des troubles de la conduite. Certaines études (Goldman *et al.*, 1979) ont aussi fait mention d'une concentration plus élevée de sérotonine plaquettaire chez des sous-groupes d'enfants hyperactifs. Là encore, les résultats sont difficiles à interpréter puisqu'on retrouve des perturbations du système de la sérotonine dans d'autres conditions psychiatriques comme la boulimie, la schizophrénie ou la sociopathie.

Aucune conclusion définitive ne peut donc être tirée de l'étude des neurotransmetteurs. La relation entre des anomalies biochimiques et l'hyperactivité est très plausible mais elle ne semble pas très spécifique. Les quelques résultats obtenus constituent tout de même une base pour des recherches ultérieures.

2.2.4 *Les facteurs génétiques et héréditaires*

L'hyperactivité est-elle reliée à des facteurs d'hérédité ? On a observé que les parents des enfants diagnostiqués hyperactifs manifestent, dans une plus forte proportion que les autres, des problèmes d'alcoolisme et d'hystérie, de même que des comportements antisociaux (Morrison et Stewart, 1971; Cantwell, 1972). De plus, un certain nombre d'études ont décelé une incidence accrue de déficit de l'attention accompagné d'hyperactivité chez les pères et les oncles des enfants hyperactifs. Biederman et ses collaborateurs (1990) ont pour leur part noté que la prédisposition à l'inattention, aux comportements antisociaux et à divers autres problèmes était plus grande dans la parenté des enfants présentant un déficit de l'attention. Mais cette étude ne tenait pas compte de facteurs comme le faible statut socio-économique ou l'éclatement de la cellule familiale.

Ces résultats doivent être interprétés avec précaution car de sérieuses lacunes méthodologiques en limitent la portée. Les enfants hyperactifs vus en consultation dans les cliniques psychiatriques ont la plupart du temps été comparés à des enfants normaux plutôt qu'à des enfants qui venaient en consultation pour un autre type de problème de comportement. Robins (1966) a d'ailleurs remarqué que les parents des enfants qui ont un comportement antisocial présentent souvent les mêmes caractéristiques que ceux des enfants hyperactifs. Il n'est donc pas sûr que l'association entre la psychopathologie parentale et l'hyperactivité de l'enfant soit typique de l'hyperactivité. D'autres dimensions du comportement de l'enfant peuvent expliquer cette relation. Par exemple, Lahey et son équipe (1988b) ont comparé quatre groupes de parents dont les enfants avaient : 1) seulement des troubles de la conduite; 2) des troubles de la conduite additionnés d'un déficit de l'attention avec hyperactivité; 3) un déficit de l'attention avec hyperactivité; 4) un autre type de problème de comportement. Les parents des enfants des premier et deuxième groupes semblaient plus souvent que les autres recevoir un diagnostic de personnalité antisociale ou abuser de l'alcool ou d'autres substances (c'était le cas du père surtout). Les études sur le suivi à long terme des enfants hyperactifs, menées par le groupe de Weiss (Weiss et Hechtman, 1986), nous apprennent qu'à statut socio-économique équivalent, les familles des enfants hyperactifs présentent plus de problèmes de santé mentale, de difficultés maritales et de tension émotionnelle que les autres familles. Plusieurs études ont aussi établi un lien entre l'hyperactivité et la désorganisation familiale et psychosociale. Mais il est difficile de savoir si, dans le contexte d'une transmission génétique de la psychopathologie, les problèmes familiaux sont la source des difficultés de l'enfant ou vice versa.

Les études sur la fratrie des enfants hyperactifs et sur les enfants adoptés nous apportent un éclairage un peu différent. Selon Safer (1973), la fratrie biologique de l'enfant hyperactif est plus sujette aux problèmes de comportement que les demi-frères ou les demi-sœurs. Mais il est certain que l'environnement psychologique familial est davantage similaire dans le premier cas que dans le deuxième.

On note que le niveau d'activité est très semblable chez les jumeaux homozygotes, plus particulièrement durant la première année de vie et plus tard durant l'enfance (Togersen et Kringlen, 1978; Rapoport et Ferguson, 1981). Nous avons peu de données toutefois sur l'évolution de jumeaux homozygotes qui auraient reçu un diagnostic de trouble déficitaire de l'attention avec hyperactivité.

La thèse génétique a aussi pris appui sur l'observation fréquente de traits dysmorphiques appelés anomalies physiques mineures (par ex. : pli palmaire unique, télécanthus, oreilles mal ourlées, etc.) chez les enfants hyperactifs et dans leur parenté (Deutsch *et al.*, 1990). Mais les anomalies physiques mineures ne semblent pas non plus spécifiques du problème de l'hyperactivité.

Cantwell (1975) a comparé les parents biologiques d'enfants hyperactifs à des parents qui ont adopté des enfants hyperactifs. Il a constaté que les problèmes étaient plus fréquents chez les parents biologiques. Toutefois, en général, les familles adoptives sont des milieux choisis à partir de critères dont l'un est l'absence de problèmes psychiatriques. Cunningham avec d'autres (1975) a étudié deux groupes de parents dont les enfants étaient des enfants adoptifs. L'un des groupes était constitué de parents qui présentaient des problèmes de santé mentale. Ces auteurs ont observé une relation entre les difficultés psychiatriques de ce dernier groupe et celles de leurs enfants adoptifs. Il est donc possible que des problèmes de santé mentale émergent dans une famille du fait de la présence d'un problème d'hyperactivité chez un enfant.

Un contribution génétique aux problèmes de comportement est certes possible mais elle n'est pas réservée à l'hyperactivité. L'interaction entre les facteurs génétiques et les autres facteurs est cependant difficile à apprécier et à mesurer. Enfin, il reste toujours à déterminer dans quelle mesure l'hérédité « sociale » a un rôle à jouer.

2.2.5 La différence entre les sexes

Comme nous l'avons mentionné précédemment à propos de la prévalence, la représentation des garçons est très forte dans les groupes d'enfants qui ont des problèmes d'hyperactivité et d'agressivité, ou des comportements antisociaux ou encore des troubles d'apprentissage. Plusieurs explications ont été proposées :

☐ les garçons seraient plus sujets à l'atteinte cérébrale et au stress psychologique;

☐ la maturation du contrôle de l'activité serait plus lente chez les garçons;

- [ ] les parents et les enseignants manifesteraient une plus grande intolérance envers un garçon hyperactif;
- [ ] on attendrait des garçons un meilleur rendement scolaire;
- [ ] l'hyperactivité aurait des conséquences plus néfastes pour le garçon;
- [ ] la fille bénéficierait de facteurs de protection contre ce type de problème.

Bien que chacune de ces explications comporte une part de vérité, aucune n'a été confirmée. Il se pourrait que des raisons de perception du problème ou de socialisation, ou même des différences génétiques jouent toutes à la fois.

2.2.6 Les déterminants psychosociaux

Le fait que l'hyperactivité soit liée à une situation donnée nous porte à croire que les facteurs psychosociaux jouent un rôle important. Il est vrai que certaines conditions extérieures tant en milieu naturel qu'en situation expérimentale peuvent réduire ou accroître l'intensité des symptômes. Par exemple, un encadrement favorable et la participation à des tâches nouvelles et stimulantes diminuent l'hyperactivité tandis qu'un travail difficile et fastidieux accentue souvent les symptômes. Cela ne signifie pas cependant que les facteurs environnementaux sont la cause de l'hyperactivité; ils en favorisent plutôt l'expression. Même si elle est l'endroit où l'hyperactivité se manifeste principalement, l'école ne peut en être tenue responsable dans tous les cas. C'est tout simplement que le contexte de la classe et la nature des activités qui s'y déroulent mettent davantage à l'épreuve les capacités d'attention de l'enfant.

Bien que constante, la corrélation entre l'hyperactivité et les facteurs démographiques ne semble pas très forte. Du moins, certaines recherches n'ont pas démontré de relation significative entre l'hyperactivité telle que notée par les enseignants, et des variables comme la taille et le revenu de la famille, le degré d'instruction, l'âge ou le statut marital des parents (Campbell et Redfering, 1979; Goyette et al., 1978). Par contre, Trites et ses collaborateurs (1979) ont trouvé une fréquence plus élevée de cas d'hyperactivité dans les milieux défavorisés. Quant à Schachar et son équipe (1981), ils ont pu établir, chez un petit groupe d'enfants, un rapport entre une hyperactivité grave et généralisée et un statut socio-économique familial faible. On constate également que des relations familiales perturbées et des interactions qui se déroulent dans un climat coercitif peuvent influencer négativement l'évolution de certains enfants hyperactifs. L'adoption et le placement en institution sont aussi des conditions propices à l'hyperactivité.

Les facteurs psychosociaux ne sont pas exclusifs à l'hyperactivité. Ils n'en sont pas non plus la cause première. Ils semblent cependant prédisposer l'enfant aux problèmes de comportement. Mais n'oublions pas que la majorité des enfants qui vivent dans des conditions psycho-sociales difficiles ne sont pas des hyperactifs.

2.3 L'ÉTUDE DES MANIFESTATIONS

L'étude des caractéristiques comportementales qui se rattachent à l'hy-peractivité et au déficit de l'attention nous permet-elle de conclure que ces manifestations forment un syndrome au sens propre du terme ? On sait qu'un syndrome est un ensemble de signes et de symptômes typiques et souvent exclusifs. Leur réunion ne constitue un syndrome que si elle apparaît de façon tellement fréquente qu'on ne peut pas l'attribuer au hasard. De plus, un syndrome doit être biologiquement plausible, c'est-à-dire qu'il doit être lié à un mécanisme sous-jacent comme la transmission d'une atteinte héréditaire, une dysfonction (neu-rologique dans le cas présent) ou une lésion. Enfin, les composantes du syndrome doivent avoir une valeur pronostique, c'est-à-dire per-mettre de prédire l'évolution du problème (Jenicek et Cléroux, 1985). Pour déterminer s'il y a bien syndrome, il faut donc pouvoir répondre à plusieurs questions touchant les manifestations :

☐ Existe-t-il des manifestations spécifiques des troubles en question ?

☐ Sur quels critères repose la définition de ces manifestations ?

☐ Est-il possible de les mesurer avec précision ?

☐ Dans quelle mesure les manifestations sont-elles interreliées ?

☐ Ont-elles une valeur pronostique réelle ?

☐ Permettent-elles de différencier le problème des autres entités cli-niques ?

Si l'on pouvait répondre de façon décisive à ces questions, alors le syndrome serait validé même si ses causes n'étaient pas clairement établies. Mais tel ne semble pas être le cas.

Or, on constate que trois symptômes surtout ont fait l'objet d'études approfondies : l'hyperactivité, l'inattention et l'impulsivité. Dans la première version du DSM III (A.P.A., 1980), ils étaient considérés comme des symptômes primaires, essentiels au diagnostic de déficit d'attention avec hyperactivité. Si les auteurs admettent la présence de ces symptômes, ils ne s'entendent pas sur leur importance respective.

2.3.1 L'hyperactivité

L'hyperactivité a été longtemps considérée comme la caractéristique principale de l'entité que l'on essaie de cerner, cela au point de marquer toute la terminologie. On reconnaît aujourd'hui que, pris isolément, ce symptôme n'est pas le plus important. Certes, les enfants hyperactifs bougent plus que les autres. Mais les différentes méthodes utilisées (questionnaires sur le comportement, observation directe, enregistrement mécanique) pour mesurer de façon objective l'hyperactivité nous apprennent que l'on retrouve rarement un groupe homogène d'enfants hyperactifs (Abikoff et al., 1977). Par ailleurs, les différences significatives qui ont pu être trouvées ne sont pas particulièrement utiles à l'établissement du diagnostic. Ces résultats indiquent que des facteurs autres que le niveau d'activité jouent sur la façon dont l'enfant est perçu. Ainsi, l'enfant qui est à la fois agité, impulsif et agressif sera considéré comme plus hyperactif que celui qui présente seulement de l'agitation.

On remarque aussi que peu d'études se sont penchées sur les aspects qualitatifs de l'agitation motrice. Grâce à l'observation clinique cependant, on constate que certains enfants ont une hyperactivité non dirigée, proche de la désorganisation, et qu'ils éprouvent de grandes difficultés à maîtriser leur comportement quotidien. La cause de leur agitation n'a pas encore été élucidée et l'on constate que les enfants anxieux montrent parfois un comportement similaire. Par ailleurs, l'enfant agité qui continue à progresser tant bien que mal dans son milieu scolaire ne sera pas toujours considéré comme déviant.

Selon que l'on est enseignant ou parent, on n'a pas la même perception de l'hyperactivité. Dans l'étude du groupe de Sandberg (1980), on note que seulement 10 % des enfants hyperactifs étaient perçus comme tels à la fois par les enseignants et les parents. Les enfants qui sont hyperactifs à l'école ne le sont pas nécessairement à la maison et vice versa. Il est possible que cette discordance soit plus artificielle que réelle et qu'elle soit due au degré de tolérance envers l'hyperactivité, degré variable selon les milieux. Il n'en demeure pas moins que l'hyperactivité s'exprime de façon plus marquée dans certains contextes et au cours de certaines tâches.

Schachar et ses collaborateurs (1981) ont observé que 14 % des enfants choisis pour leur étude présentaient une hyperactivité situationnelle. Même si 20 % d'entre eux avaient aussi des problèmes psychiatriques, il semble que les difficultés ne soient pas persistantes et que l'évolution demeure favorable. Ces mêmes auteurs ont spécifié qu'un autre groupe d'enfants (2 % de la population étudiée) présentaient une hyperactivité généralisée. Ces enfants montraient les traits suivants : une agitation manifeste dans tous les contextes et toutes les activités; des troubles marqués du comportement; un mauvais pronostic. La description de ce dernier groupe pourrait en fait correspondre à un syndrome précis.

L'établissement d'une distinction entre l'hyperactivité situationnelle et l'hyperactivité généralisée pourrait aider à prédire l'évolution du problème et à choisir une intervention prioritaire. Les causes du problème restent quand même obscures bien que, chez plusieurs enfants, l'hyperactivité généralisée soit associée à un retard intellectuel, ce qui serait peut-être l'indice d'une atteinte ou d'une dysfonction cérébrale.

Un autre aspect complique grandement la reconnaissance de l'hyperactivité comme syndrome. C'est le fait que les manifestations de l'hyperactivité et du déficit d'attention chevauchent souvent celles d'un trouble de la conduite ou celles d'un comportement d'opposition accompagné de provocation (voir Tableau 2.3). Une même manifestation pourrait être interprétée de deux façons différentes (Szatmari et al., 1989a). Par exemple, l'indiscipline chez un enfant relève-t-elle d'une incapacité de suivre des consignes ou d'un refus de se soumettre ? Quand un enfant hyperactif dérange les autres élèves ou se lève souvent de sa chaise, manifeste-t-il un manque de contrôle moteur ou un comportement d'opposition aux règles établies ? Plusieurs études américaines soulignent une très fréquente corrélation entre les troubles de la conduite et l'hyperactivité. Dans le processus de validation des critères du DSM III-R (A.P.A., 1987), Spitzer et son équipe (1990) notent que 50 % des enfants avec un diagnostic de déficit de l'attention et d'hyperactivité manifestent également des troubles de la conduite et de l'opposition additionnée de provocation. L'inverse est vrai également pour les enfants qui reçoivent ces derniers diagnostics. Les enfants jugés hyperactifs par leur enseignant et montrant une grande agressivité ne se distinguent pas de ceux pour qui on pose un diagnostic de trouble d'opposition (Prinz et al., 1981).

Malgré ce chevauchement, l'hyperactivité et l'agressivité se présentent comme deux dimensions différentes qui, si elles sont présentes en même temps, entraînent une confusion diagnostique et conduisent à une évolution défavorable. L'hyperactivité est une réalité qui contribue de façon importante aux difficultés de l'enfant même s'il est difficile d'en cerner tous les aspects.

TABLEAU 2.3
Critères diagnostiques du trouble oppositionnel avec provocation

---

Perturbation persistant au moins six mois, durant lesquels on retrouve au moins cinq des signes suivants :

1) Se met souvent en colère

2) Conteste souvent ce que disent les adultes

3) S'oppose souvent activement aux demandes et aux règles des adultes, p. ex. : refuse de faire les corvées domestiques à la maison

4) Fait souvent de façon délibérée des actes qui dérangent les autres, p. ex. : saisit brutalement les chapeaux des autres enfants

5) « En veut » souvent à autrui de ses propres erreurs

6) Est facilement susceptible ou facilement agacé par autrui

7) Est souvent en colère et rancunier

8) Est souvent haineux ou vindicatif

9) Jure fréquemment ou utilise des expressions obscènes

N.B.   On considère qu'un critère est rempli quand le comportement est beaucoup plus fréquent que chez la plupart des sujets du même âge mental.

Source : American Psychiatric Association, 1983 (reproduit avec autorisation).

2.3.2   L'inattention

Le comportement des enfants hyperactifs se caractérise par de l'inattention, un manque de constance et de la distractivité. Ces caractéristiques sont en général regroupées dans l'expression « déficit d'attention ». La notion d'attention et son influence dans l'apprentissage seront abordées au chapitre suivant, mais mentionnons dès à présent que l'attention peut refléter à la fois la motivation, la capacité de choisir et d'organiser les informations, de même que l'efficacité à résoudre des problèmes.

Les enfants hyperactifs sont-ils tous inattentifs et vice versa ? Les études sur la prévalence des symptômes montrent que l'association de ces deux caractéristiques comportementales est fréquente, particulièrement chez les garçons entre 4 et 11 ans (Szatmari *et al.*, 1989b). Plusieurs études démontrent que l'hyperactivité et le déficit d'attention sont une seule et même chose (Schachar *et al.*, 1981; Taylor et Sandberg, 1984) alors que d'autres ne confirment pas cette opinion (Goyette *et al.*, 1978; Quay, 1979). La discordance entre les études traduit peut-être tout simplement les difficultés que l'on rencontre quand on veut mesurer toutes les dimensions de l'hyperactivité et du déficit de l'attention. Néanmoins, il y aura toujours des enfants hyperactifs capables de se concentrer quand la tâche l'exige.

L'inattention en classe se rapporte à diverses lacunes : manque d'intérêt, manque de concentration et éparpillement, chute de la vigilance, difficultés à entreprendre une tâche, à l'organiser et à la poursuivre. S'agit-il de manifestations d'un déficit unique ? Si oui, pouvons-nous le qualifier ? Plusieurs dimensions de l'inattention ont été étudiées sans que nous soyons sûrs qu'elles correspondent à un déficit précis.

Tout d'abord la distractivité. Les enfants hyperactifs donnent souvent l'impression d'être facilement distraits par toutes sortes de stimuli. Sont-ils capables d'une attention sélective qui leur permet de choisir les informations pertinentes tout en repoussant les sources de distraction ? Plusieurs études menées en laboratoire montrent que les enfants hyperactifs ne sont pas plus portés à être distraits que les autres enfants et que leurs performances se détériorent de la même façon que chez les autres lorsqu'ils sont exposés à des sources de distraction. Ils se tournent certes plus souvent vers ces sources mais sans que cela nuise plus à leur rendement qu'à celui des enfants des groupes témoins. Il faut toutefois interpréter ces résultats avec précaution puisque la situation expérimentale est loin d'être comparable à celle qui existe en milieu naturel. Un enseignant peut bien considérer que l'enfant s'intéresse à des stimuli non pertinents sans que l'enfant soit du même avis. Celui-ci peut en effet trouver d'autres stimuli, informations et actions beaucoup plus captivants. Afin de vérifier cette hypothèse, Radosh et Gittelman (1981) ont simulé une situation comparable à celle que l'on trouve dans une classe. Les enfants étaient soumis à des exercices d'arithmétique plutôt ennuyeux et en même temps à des stimuli attrayants. La performance des enfants hyperactifs et de ceux du groupe témoin diminuait lorsqu'il y avait des sources de distraction. Cette baisse était toutefois beaucoup plus marquée pour les enfants hyperactifs. Mais la distractivité est difficile à évaluer en contexte expérimental. Il est possible qu'elle ne se manifeste vraiment que dans le milieu scolaire avec sa dynamique et ses composantes.

Deuxième dimension : le manque de constance dans les tâches. Cette dimension est reliée au maintien de l'attention, qui a surtout été étudié par le test de performance continue (*Continuous Performance Test* ou CPT). Ce test requiert de l'enfant assez de vigilance pendant une période donnée pour pouvoir reconnaître des stimuli semblables. On mesure deux types d'erreur : les erreurs par omission quand l'enfant ne parvient pas à reconnaître les stimuli semblables et les erreurs par confusion quand l'enfant identifie les mauvaises paires de stimuli. Le premier type d'erreur dénote un manque de précision dans les réponses et l'autre confirme la présence d'impulsivité. Des études ont montré que les enfants hyperactifs étaient plus susceptibles de commettre les deux types d'erreur même sans être distraits. Mais mesurons-nous vraiment la capacité de l'enfant à soutenir son attention quand nous savons que des facteurs comme la motivation ou l'anxiété peuvent influencer les résultats ?

Troisième dimension : le manque de concentration. Cet aspect a surtout été évalué au moyen d'enregistrements psychophysiologiques en présence de stimuli variés. Ainsi, on remarque que la conductance cutanée en réponse à des stimuli est moins forte chez les enfants hyperactifs. Les réponses aux potentiels évoqués sont également plus faibles. Ces données pourraient nous inciter à conclure que l'enfant hyperactif est incapable de se concentrer pour effectuer une tâche. Pour l'instant, la discussion reste théorique puisque l'on ne sait pas si les résultats obtenus se rapportent seulement au problème de l'hyperactivité.

Enfin, quatrième dimension : le manque de pertinence. L'observation des enfants hyperactifs en situation de jeu nous apprend qu'ils manifestent une curiosité désordonnée (Rapoport *et al.*, 1971). Ils passent souvent d'une activité à une autre, d'un jouet à un autre en se laissant arrêter par des stimuli plutôt périphériques. Ils sont plus facilement déroutés par une abondance d'informations. Mais ces constatations ne nous disent pas quel est le mécanisme cognitif en cause. Est-ce un réel déficit de la capacité de sélection des informations ? Est-ce un problème de stratégie ? Est-ce un style qui ne correspond pas aux exigences scolaires ?

L'étude des différentes dimensions d'un déficit de l'attention nous montre jusqu'à quel point la reproduction en situation expérimentale de ce qui se passe en contexte naturel peut être difficile. On est encore loin de comprendre les mécanismes en cause dans le déficit d'attention.

2.3.3 L'impulsivité

L'impulsivité a deux significations que l'on ne doit pas confondre. La première se rapporte au manque de contrôle dans les comportements. L'enfant ne semble pas tenir compte des conséquences de ses gestes et a de la difficulté à retarder toute forme de gratification. La seconde est reliée à un style cognitif qui se caractérise par une exécution rapide et souvent imprécise de tâches structurées.

On peut mesurer l'impulsivité au moyen de tests, comme le *Matching Familiar Figures Test* (MFFT), qui demandent à l'enfant de retracer parmi des items légèrement différents les uns des autres une série d'items correspondant exactement à un modèle. On enregistre alors le nombre d'erreurs que fait l'enfant et le temps qu'il prend pour exécuter la tâche. Tous les chercheurs disent que les enfants hyperactifs font plus d'erreurs que les enfants des groupes témoins, mais qu'ils ne semblent pas répondre plus rapidement. Encore une fois, on peut se demander si ces données révèlent la nature même de l'impulsivité. Comment faire une distinction entre une recherche effrénée de stimulations et une incapacité de contrôler les réponses aux stimuli extérieurs ?

L'étude des manifestations, malgré toutes les difficultés méthodologiques que soulève leur mesure, montre que les symptômes observés en milieu naturel présentent une certaine cohérence. L'inattention et l'hyperactivité, contrairement à l'impulsivité, ressortent comme des dimensions constantes même si leur expression varie. Elles pourraient effectivement servir à définir un syndrome distinct pour autant que le concept n'est pas limité à ces deux manifestations sans tenir compte des facteurs associés.

2.4 LES TENTATIVES DE DÉFINITION ET LES ESSAIS TAXONOMIQUES

2.4.1 Les critères diagnostiques

Aucune définition de la problématique de l'hyperactivité n'est tout à fait satisfaisante, que l'on parle de syndrome hyperkinétique, de dysfonction cérébrale minime ou de trouble d'hyperactivité avec déficit d'attention. Ces termes sont appliqués à une population hétérogène d'enfants dont le comportement, variable, est influencé par de multiples facteurs. Néanmoins, la démarche qui vise à préciser des critères diagnostiques nous met sur la bonne voie. C'est celle qui est privilégiée d'ailleurs depuis le début des années 80 comme en font foi les critères diagnostiques proposés par le DSM III (A.P.A., 1980), puis par le DSM III-R (A.P.A., 1987) (voir Tableau 1.2 et Tableau 1.3). Le DSM III, version de 1980, définissait des catégories diagnostiques dont l'une était le trouble déficitaire de l'attention avec hyperactivité, trouble basé sur la présence de trois symptômes primaires : hyperactivité, inattention et impulsivité. Le répertoire mentionnait également le déficit d'attention sans hyperactivité. Les éléments comportementaux que l'on rattachait à chacun des symptômes primaires et la distinction qui était faite entre les deux types de trouble déficitaire de l'attention relevaient toutefois d'une approche essentiellement phénoménologique, basée sur des observations et des impressions cliniques.

Le DSM III-R de 1987 abandonne les distinctions précédemment citées et adopte une définition unidimensionnelle. Le diagnostic d'un trouble d'hyperactivité avec déficit d'attention (THADA) peut être posé si un enfant présente n'importe quelle combinaison de 8 caractéristiques comportementales parmi les 14 qui sont citées dans le répertoire. Cette approche crée de la confusion sur le plan terminologique. Par exemple, un enfant qui présente 8 caractéristiques sans manifester d'agitation sera quand même considéré comme souffrant d'un THADA. Pourtant, le répertoire de 1987 propose une forme indifférenciée de trouble déficitaire de l'attention, qui correspondrait très bien au trouble déficitaire de l'attention sans hyperactivité du DSM III de 1980. On a décidé d'adopter une définition unidimensionnelle en raison de la difficulté qu'il y a à déterminer les comportements qui traduisent le mieux l'inattention, l'impulsivité ou l'hyperactivité.

Des études en cours actuellement essaient de clarifier ces différents points. Il apparaît d'ores et déjà qu'un concept unidimensionnel n'est pas le plus approprié. Les études de validation font ressortir de façon nette le jumelage de certains facteurs : inattention/désorganisation et hyperactivité/impulsivité. Un troisième facteur semble émerger; il s'apparente à un tempo lent et à des difficultés de rétention et d'utilisation des informations (Lahey *et al.*, 1988a).

Des auteurs comme Barkley (1981) et Taylor (1986b) ont eux aussi utilisé la méthode des critères tout en s'attachant moins explicitement au contenu comportemental. Les critères de Barkley, présentés ci-dessous, se basent surtout sur les échelles de comportement et les questionnaires :

☐ les parents, les enseignants ou les deux se plaignent de l'inattention, de l'impulsivité et de l'agitation de l'enfant;

- selon les parents, les difficultés de l'enfant sont apparues avant l'âge de six ans;

- les résultats obtenus dans les échelles de mesure du comportement, remplies par les parents ou par les enseignants, situent l'enfant à au moins deux écarts-types par rapport à la moyenne selon l'âge (quand il s'agit d'enfants retardés, on compare leur âge mental à l'âge chronologique correspondant);

- on constate des problèmes de comportement dans 50 % et plus de situations types observées à la maison et à l'école (pour ce faire, Barkley utilise un instrument appelé *Home and School Situations Questionnaires*);

- les symptômes durent depuis au moins six mois;

- les critères d'exclusion sont : la surdité, la cécité, les atteintes sensorielles ou motrices graves, les troubles émotionnels majeurs (par ex. : une psychose infantile).

Taylor (1986b) a présenté des critères similaires mais il mentionne qu'il s'agit de conditions minimales à l'élaboration d'un diagnostic :

- le comportement est caractérisé par de l'inattention et de l'agitation et non seulement par une conduite antisociale ou un comportement d'opposition;

- l'intensité des symptômes est inappropriée pour l'âge de l'enfant et son niveau intellectuel; cette condition interfère avec le développement normal de l'enfant;

- les symptômes doivent être observés dans au moins deux contextes différents (maison, école, clinique);

- on doit être en mesure d'observer directement les difficultés de l'enfant, notamment son agitation, son inattention ou son impulsivité;

- les critères d'exclusion sont : l'autisme, les psychoses infantiles, des problèmes affectifs tels que dépression, manies, anxiété, etc.

Les trois sources (DSM III et DSM III-R, Barkley et Taylor) d'où proviennent les critères cités ci-dessus ne font pas mention d'une étiologie précise. On reste donc sans réponse du point de vue étiologique. Il est néanmoins admis que les enfants qui partagent les mêmes caractéristiques sont plus souvent sensibles aux mêmes facteurs déclenchants. La détermination des critères facilite donc le dépistage des enfants qui présentent des difficultés. Mais le problème fondamental qui demeure, c'est la fixation du seuil de déviance.

2.4.2 Les conceptions dualistes

La littérature sur l'hyperactivité fait souvent état de conceptions dualistes. La plupart de ces conceptions se fondent à la fois sur des considérations étiologiques et sur la conviction qu'il existe deux formes d'hyperactivité. L'une serait constitutionnelle ou organique, peu importe la cause : lésionnelle, génétique, etc. Une autre forme dépendrait plutôt de facteurs extérieurs à l'enfant mais présents dans son milieu, ou de facteurs endogènes mais touchant surtout d'autres fonctions que le contrôle de l'activité motrice ou l'attention. Si utiles soient-elles pour décrire la prépondérance de certains facteurs, ces conceptions risquent de faire oublier d'autres facteurs qui entrent en jeu et risquent de ne pas refléter la réalité clinique. La contribution de facteurs organiques est certes réelle dans le cas de plusieurs enfants, mais elle n'exclut pas l'influence d'éléments environnementaux. À l'inverse, un trouble affectif ou une désorganisation psychosociale peuvent provoquer un comportement hyperactif ou de l'inattention chez des enfants eux-mêmes susceptibles d'exprimer leur malaise par le canal moteur. En fait, il existe un processus d'interactions permanentes entre les facteurs de vulnérabilité propres à un individu donné et ceux de son entourage.

Pour mieux illustrer la diversité des cas, Levine (1984) a proposé une classification des différents types de déficit de l'attention. On y trouve :

❏ Le déficit d'attention primaire. D'origine neurologique, il se manifeste dans plusieurs contextes et sous différentes formes. Il peut être relié à des problèmes du niveau d'éveil, à un retard de maturation, à un problème biochimique ou à d'autres causes.

❏ Le déficit d'attention secondaire. Les symptômes de ce déficit surgissent lorsque l'enfant exécute des tâches qui soulignent ses faiblesses dans les domaines du langage, de la mémoire, de l'organisation perceptuelle, etc. (type A), ou lorsque l'enfant présente des problèmes émotifs ou vit dans un environnement familial ou psychosocial perturbé (type B).

❏ Le déficit d'attention lié à une situation. Levine mentionne également qu'un déficit d'attention peut surgir dans le contexte d'une discordance entre les comportements de l'enfant et les demandes des milieux familial et scolaire.

❏ Le déficit d'attention mixte. Il arrive aussi que tous les types de déficit d'attention soient observés chez le même enfant.

Ce genre de classification, basé sur des constatations faites en cours d'évaluation chez des enfants ayant un déficit de l'attention, donne l'apparence d'un cadre conceptuel qui pourrait servir de guide d'intervention. La principale réticence que l'on peut avoir concerne la validité des critères de classification. Il n'y a pas lieu toutefois de rejeter les modèles qui tentent d'illustrer l'impression de différence que donnent les divers types d'enfants hyperactifs. Encore faut-il que les critères proposés ne réduisent pas la complexité du problème. Les termes utilisés risquent également de stigmatiser le comportement de l'enfant dans le temps et l'espace.

2.5 QUE PEUT-ON CONCLURE ?

Les difficultés auxquelles on se heurte quand on veut démontrer que l'hyperactivité est un syndrome distinct semblent insurmontables. Aussi vaudrait-il mieux, peut-être, délaisser cette piste. L'expérience clinique et les différentes études nous permettent au moins de discerner des constantes et de dégager certaines conclusions :

◻ Certains enfants présentent un comportement irrégulier se manifestant principalement par une agitation motrice exagérée et une inattention marquée.

◻ L'expression de ces manifestations varie en fonction de l'âge de l'enfant, ce qui peut laisser croire à un problème de développement.

◻ La majorité des études cliniques mentionnent l'impression de disparité que produisent les enfants qui ont ce comportement; mais leur dénomination et leur classification à l'intérieur d'une classe précise fait encore l'objet de débats.

◻ Aucune cause précise ne permet d'expliquer l'ensemble des cas et aucun marqueur biologique assurant une identification exacte des enfants hyperactifs n'a encore été découvert.

◻ L'étude des mécanismes psychophysiologiques qui sont en action et des déficits cognitifs reliés à la condition est rendue difficile par la discordance que l'on remarque entre les contextes naturels et expérimentaux.

◻ Les facteurs d'influence sont fort nombreux et modifient non seulement l'expression du problème mais aussi son évolution.

◻ Les caractéristiques comportementales décrites se retrouvent dans d'autres types de problèmes de comportement, ce qui entrave la validation d'un syndrome bien distinct.

□ Les valeurs-seuil délimitant la déviance d'un comportement n'ont pas encore été déterminées.

□ La détermination de sous-groupes (l'hyperactivité situationnelle par rapport à l'hyperactivité généralisée) semble être utile pour pronostiquer l'évolution du problème.

□ Les concepts ou notions mis de l'avant par différents auteurs ont du mal à franchir les étapes de la validation.

Ces conclusions ne remettent pas en question tous les efforts déployés et toutes les tentatives entreprises jusqu'à ce jour pour clarifier la nature du problème. Elles voudraient plutôt orienter les futures recherches dans des directions bien précises. Toutefois, la complexité du comportement humain viendra peut-être toujours brouiller les pistes.

BIBLIOGRAPHIE

ABIKOFF, H., GITTELMAN-KLEIN, R. et KLEIN, D.F. (1977), « Validation of a classroom observational code for hyperactive children », in *Journal of Consulting and Clinical Psychology*, vol. 45, p. 772-783.

AIRD, R.B. et YAMAMOTO, T. (1966), « Behaviour disorders of childhood », in *Electroencephalography and Clinical Neurophysiology*, vol. 21, p. 148-156.

AMERICAN PSYCHIATRIC ASSOCIATION (1989), *DSM III, Manuel diagnostique et statistique des troubles mentaux*, Paris, Masson; version originale: (1987), *Diagnostic and Statistical Manual of Mental Disorders*, 3e éd., Washington, A.P.A.

AMERICAN PSYCHIATRIC ASSOCIATION (1983), *DSM III-R, Manuel diagnostique et statistique des troubles mentaux*, Paris, Masson; version originale: (1980), *Diagnostic and Statistical Manual of Mental Disorders*, 3e éd. rev., Washington, A.P.A.

BARKLEY, R.A. (1981), *Hyperactive Children, a Handbook for Diagnosis and Treatment*, New York, Guilford.

BARKLEY, R.A. (1982), « Guidelines for defining hyperactivity in children », *in* Lahey, B.B. et Kazdin, A.E. (dir.), *Advances in Clinical Child Psychology*, vol. 5, New York, Plenum.

BARKLEY, R.A. et JACKSON, T.L. (1977), « Hyperkinesis, autonomic nervous system activity and stimulant drug effects », in *Journal of Child Psychology and Psychiatry*, vol. 18, p. 347-358.

BIEDERMAN, J., FARAONE, S.V., KEENAN, K., KNEE, D. et TUANG, M.T. (1990), « Family-genetic and psychosocial risk factors in DSM III attention deficit disorder », *in Journal of the American Academy of Child and Adolescent Psychiatry*, vol. 29, p. 526-533.

CAMPBELL, E.S. et REDFERRING, D.L. (1979), « Relationship among environmental and demographic variables and teacher-rated hyperactivity », in *Journal of Abnormal Child Psychology*, vol. 1, p. 77-81.

CANTWELL, D.P. (1972), « Psychiatric illness in the families of hyperactive children », *in Archives of General Psychiatry*, vol. 27, p. 414-417.

CANTWELL, D.P. (1975), « Genetic studies of hyperactive children : Psychiatric illness in biologic and adopting parents », in Fieve, R., Rosenthal, D. et Brill, H. (dir.), *Genetic Research in Psychiatry*, Baltimore, Johns Hopkins University Press.

CANTWELL, D.P. (1978), « Hyperactivity and antisocial behaviour », in *Journal of the American Academy of Child Psychiatry*, vol. 17, p. 252-262.

CANTWELL, D.P., BAKER, L. et MATTISON, R. (1980), « Psychiatric disorders in children with speech and language retardation », in *Archives of General Psychiatry*, vol. 37, p. 423-425.

CUNNINGHAM, L., CADORET, R., LOFTUS, R. et EDWARDS, J.E. (1975), « Studies of adoptees from psychiatrically disturbed biological parents », in *British Journal of Psychiatry*, vol. 126, p. 534-539.

DEUTSCH, C.K., MATTHYSSE, S., SWANSON, J.M. et FARKAS, L.G. (1990), « Genetic latent structure analysis of dysmorphology in attention deficit disorder », in *Journal of the American Academy of Child and Adolescent Psychiatry*, vol. 29, p. 189-194.

ESSER, G. et SCHMIDT, M.H. (1982), « Cerebral dysfunction in eight-year-old children. Differences between the meaning of the concept in a prevalence sample (general population) and in clinical sample », Paper presented to 10th Internation Congress of the International Association for Child and Adolescent Psychiatry and Allied Professions (Dublin, juillet 1982) (cité dans Taylor, 1986a).

FULLER, P.W., GUTHRIE, R.D. et ALVORD, E.C. (1983), « A proposed neuropathological basis for learning disabilities in children born prematurely », in *Developmental Medicine and Child Neurology*, vol. 25, p. 214-231.

GERSCHWIND, N. (1982), « Disorders of attention : A frontier in neuropsychology », in *Philosophical Transactions of the Royal Society of London*, B, 298, p. 173-185 (cité dans Taylor, 1986).

GLOW, R.A. (1981), « Cross validity and normative data on the Connor's parent and teacher rating scales », in Godow, K.D. et Loney, J. (dir.), *The Psychosocial Aspects of Drug Treatment for Hyperactivity*, Boulder, Co. Westview Press, p. 107-150.

GOLD, S. et SHERRY, L. (1984), « Hyperactivity, learning disabilities and alcohol », in *Journal of Learning Disabilities*, vol. 17, p. 3-6.

GOLDMAN, J.O., THIBERT, R.J. et ROURKE, B.P. (1979), « Platelet serotonin levels in hyperactive children », in *Journal of Pediatric Psychology*, vol. 4, p. 285-296.

GOYETTE, C.H., CONNERS, C.K. et ULRICH, R.F. (1978), « Normative data on revised Conners parent and teacher rating scales », in *Journal of Abnormal Child Psychology*, vol. 6, p. 221-236.

HARTSOUGH, C.S. et LAMBERT, N.M. (1985), « Medical factors in hyperactive and normal children : Prenatal, developmental and health history findings », in *American Journal of Orthopsychiatry*, vol. 55, p. 190-201.

HOLBORROW, P.L., BERRY, P. et ELKINS, J. (1984), « Prevalence of hyperkinesis : A comparison of three rating scales », in *Journal of Learning Disabilities*, vol. 17, p. 411-417.

JENICEK, M. et CLÉROUX, R. (1985), *Épidémiologie clinique*, Saint-Hyacinthe, Edisem.

LAHEY, B.B., GREEN, K. et FOREHAND, R. (1980), « On the independance of ratings of hyperactivity, conduct problems and attention deficits in children : A multiple regression analysis », in *Journal of Consulting and Clinical Psychology*, vol. 48, p. 566-574.

LAHEY, B.B., PELHAM, W.E., SCHAUGHENCY, E.A., ATKINS, M.S., MURPHY, A.H., HYND, G., RUSSO, M., HARTDAGEN, S. et LORYS-VERNON, A. (1988a), « Dimensions and types of attention deficit disorder », *in Journal of the American Academy of Child and Adolescent Psychiatry*, vol. 27, p. 330-335.

LAHEY, B.B., PIACENTINI, J.C., MC BURNETT, K., STONE, P., HARTDAGEN, S. et HYND, G. (1988b), « Psychopathology in the parents of children with conduct disorder and hyperactivity », *in Journal of the American Academy of Child and Adolescent Psychiatry*, vol. 27, p. 163-170.

LAMBERT, N.M., SANDOVAL, J. et SASSONE, D. (1978), « Prevalence of hyperactivity in elementary school children as a function of social system definers », *in American Journal of Orthopsychiatry*, vol. 23, p. 446-463.

LE MOAL, M., STINUS, L., SIMON, H., TASSIN, J.P., THIERRY, A.M., GLOWINSKI, J. et CARDO, B. (1977), « Behavioral effects of a lesion in the ventral mesencephalic tegmentum : Evidence for involvement of A10 dopaminergic neurones », *in Costa, E. et Greengard, P. (dir.), Advances in Biochemical Psychopharmacology*, vol. 16, New York, Raven Press (cité dans Taylor, 1986a).

LEVINE, M.D. (1984), « Persistent inattention and unintention in middle childhood », *in Levine, M.D. et Satz, P. (dir.), Middle Childhood, Development and Dysfunction*, Baltimore, University Park Press, p. 183-226.

LI, X.-R., SU, L.-Y., TOWNES, B.D. et VARLEY, C.K. (1989), « Diagnosis of attention deficit disorder with hyperactivity in Chinese boy », *in Journal of the American Academy of Child and Adolescent Psychiatry*, vol. 28, p. 497-500.

LOGE, D.V., STATON, D.R. et BEATTY, W.W. (1990), « Performance of children with ADHD on tests sensitive to frontal lobe dysfunction », *in Journal of the American Academy of Child and Adolescent Psychiatry*, vol. 29, p. 540-545.

LURIA, A. (1980), *Higher Cortical Functions in Man*, New York, Basic Books.

MATTES, J.A. (1980), « The role of frontal lobe dysfunction in childhood hyperkinesis », *in Comprehensive Psychiatry*, vol. 21, p. 358-369.

MCGEE, R., WILLIAMS, S., BRADSHAW, J., CHAPEL, J.L., ROBINS, A. et SILVA, P.A. (1985), « The Rutter scale for completion by teachers : Factor structure and relationships with cognitive abilities and family adversity for a sample of New Zealand children », *in Journal of Child Psychology and Psychiatry*, vol. 26, p. 727-739.

MIKKELSEN, E., BROWN, G., MUNICHIELLEO, M.D., MILLICAN, F. et RAPOPORT, J. (1982), « Neurologic status in hyperactive, enuretic, encopretic and normal children », *in Journal of the American Academy of Child Psychiatry*, vol. 21, p. 75-81.

MILLER, R.G., PALKES, H.S. et STEWART, M.A. (1973), « Hyperactive children in suburban elementary schools », *in Child Psychiatry and Child Development*, vol. 4, p. 124-127.

MORRISON, J.R. et STEWART, M.A. (1971), « A family study of the hyperactive syndrome », *in Biological Psychiatry*, vol. 3, p. 189-195.

NEEDLEMAN, H., GUNNOR, C., LEVITON, A., REED, R., PERESIE, H., MAHER, C. et BARRETT, P. (1979), « Deficits in psychologic and classroom performances of children with elevated dentine lead levels », *in New England Journal of Medicine*, vol. 330, p. 689-695.

NELIGAN, G.A., KOLVIN, I., SCOTT, D. McL. et GARSIDE, R.F. (1976), « Born too soon or born too small », *in Clinics in Developmental Medicine*, n° 61, London, SIMP et Heinemann.

NICHOLS, P.L. et CHEN, T.C. (1980), *Minimal Brain Dysfunction : A Prospective Study*, Hillsdale, N.J., Erlbaum.

CHAPITRE 2

O'LEARY, D.K., VIVIAN, D. et NISI, A. (1985), « Hyperactivity in Italy », *in Journal of Abnormal Child Psychology*, vol. 13, p. 485-500.

ORGANISATION MONDIALE DE LA SANTÉ (1977), *Classification internationale des maladies*, révision 1975, vol. 1, Genève, O.M.S.

OUNSTED, C. (1955), « The hyperkinetic syndrome in epileptic children », *in Lancet*, vol. 2, p. 303-311.

PRINZ, R.J., CONNOR, P.A. et WILSON, C.C. (1981), « Hyperactive and aggressive behaviors in childhood : Intertwined dimensions », *in Journal of Abnormal Child Psychology*, vol. 9, p. 191-202.

RADOSH, A. et GITTELMAN, R. (1981), « The effect of appealing distractors on the performance of hyperactive children », *in Journal of Abnormal Child Psychology*, vol. 9, p. 179-189.

RAPOPORT, J.L., ABRAMSON, A., ALEXANDER, D. et LOTT, I. (1971), « Playroom observations of hyperactive children on medication », *in Journal of the American Academy of Child Psychiatry*, vol. 10, p. 524-534.

RAPOPORT, J.L. et FERGUSON, H.B. (1981), « Biological validation of the hyperkinetic syndrome », *in Developmental Medicine and Child Neurology*, vol. 23, p. 667-682.

RAPOPORT, J.L., QUINN, P.O. et LAMPRECHT, F. (1974), « Minor physical anomalies and plasma dopamine-beta-hydroxylase activity in hyperactive boys », *in American Journal of Psychiatry*, vol. 131, p. 386-389.

ROBINS, L. (1966), *Deviant Children Grown up*, Baltimore, Williams & Wilkins.

RUTTER, M. (1981), « Psychological sequelæ of brain damage in children », *in American Journal of Psychiatry*, vol. 138, p. 1533-1544.

RUTTER, M., CHADWICK, O. et SHAFFER, D. (1983), « Head injury », *in Rutter, M. (dir.), Developmental Neuropsychiatry*, New York, Guilford, p. 83-111.

RUTTER, M., GRAHAM, P. et YULE, W. (1970a), « A neuropsychiatric study in childhood », *in Clinics in Developmental Medicine*, nos 35-36, London, SIMP et Heinemann.

RUTTER, M., TIZARD, J. et WHITMORE, K. (1970b), *Education, Health and Behavior*, London, Longmans.

SAFER, D.J. (1973), « A familial factor in minimal brain dysfunction », *in Behavior Genetics*, vol. 3, p. 175-186.

SAFER, D.J. et ALLEN, R.P. (1976), *Hyperactive Children : Diagnosis and Treatment*, Baltimore, University Park Press.

SAMEROFF, A.J. et CHANDLER, M.J. (1975), « Reproductive risk and the continuum of caretaking casualty », *in Horowitz, F.O. (dir.), Review of Child Development Research*, vol. 4, Chicago, University of Chicago Press.

SANDBERG, S.T., WIESELBERG, M. et SHAFFER, D. (1980), « Hyperkinetic and conduct problem children in a primary school population : Some epidemiological considerations », *in Journal of Child Psychology and Psychiatry*, vol. 21, p. 293-311.

SCHACHAR, R., RUTTER, M. et SMITH, A. (1981), « The characteristics of situationally and pervasively hyperactive children : Implications for syndrome definition », *in Journal of Child Psychology and Psychiatry*, vol. 22, p. 375-392.

SHAFFER, D. (1985), « Brain damage », *in Rutter, M. et Hersov, L. (dir.), Child and Adolescent Psychiatry : Modern Approaches*, 2e éd., Oxford, Blackwell.

SHAFFER, D., CHADWICK, O. et RUTTER, M. (1975), « Psychiatric outcome of localised head injury in children », *in Porter, R. et Fitzsimons, D.W. (dir.), Outcome of Severe Damage to the Central Nervous System*, CIBA Foundation Symposium, no 34, Amsterdam, Elsevier Excerpta Medica.

SHAFFER, D., O'CONNOR, P.A., SHAFER, S.Q. et PRUPIS, S. (1983), « Neurological soft signs : Their origins and significance for behavior », *in* Rutter, M. (dir.), *Developmental Neuropsychiatry*, New York, Guilford, p. 144-163.

SHAYWITZ, B.A., COHEN, D.J. et BOWERS, M.B. Jr. (1977), « CSF amine metabolites in children with minimal brain dysfunction (MBD) », *in Journal of Pediatrics*, vol. 90, p. 67-71.

SHAYWITZ, S.E., HUNT, R.D., JATLOW, P., YOUNG, J.G., PIERCE, R.N., ANDERSON, G.M. et SHAYWITZ, B.A. (1982), « Psychopharmocology of attention deficit disorder », *in Pediatrics*, vol. 69, p. 688-694.

SHEKIM, W.O., GAVAID, J., DAVIS, J.M. et BYLUND, D.B. (1983), « Urinary MHPG and HVA excretion in boys with attention deficit disorder and hyperactivity treated with d-amphetamine », *in Biological Psychiatry*, vol. 18, p. 705-715.

SHEKIM, W.O., KASHANI, J., BECK, N., CANTWELL, D., MARTIN, J., ROSENBERG, J. et COSTELLO, A. (1985), « The prevalence of attention deficit disorders in a rural midwestern community sample of nine-year-old children », *in Journal of the American Academy of Child Psychiatry*, vol. 24, p. 765-770.

SHEN, Y.-C., WANG, Y.-F. et YANG, X.L. (1985), « An epidemiological investigation of minimal brain dysfunction in six elementary schools in Beijing », *in Journal of Child Psychology and Psychiatry*, vol. 26, p. 777-787.

SPITZER, R.L., DAVIES, M. et BARKLEY, R.A. (1990), « The DSM III-R field trial of disruptive behavior disorders », *in Journal of the American Academy of Child and Adolescent Psychiatry*, vol. 29, p. 690-697.

STEWART, A. (1983), « Severe perinatal hazards », *in* Rutter, M. (dir.), *Developmental Neuropsychiatry*, New York, Guilford, p. 15-31.

STEWART, M.A., CUMMINGS, C., SINGER, S. et DEBLOIS, C.S. (1981), « The overlap between hyperactive and unsocialized aggressive children », *in Journal of Child Psychology and Psychiatry*, vol. 22, p. 35-46.

STORES, G., HART, J. et PIVAN, N. (1978), « Inattentiveness in schoolchildren with epilepsy », *in Epilepsia*, vol. 19, p. 169-175.

SZATMARI, P., BOYLE, M. et OFFORD, D.R. (1989a), « ADDH and conduct disorder : Degree of diagnostic overlap and differences among correlates », *in Journal of the American Academy of Child and Adolescent Psychiatry*, vol. 28, p. 865-872.

SZATMARI, P., OFFORD, D.R. et BOYLE, M.H. (1989b), « Ontario child health study : Prevalence of attention deficit disorder with hyperactivity », *in Journal of Child Psychology and Psychiatry*, vol. 30, n° 2, p. 219-230.

TAYLOR, E.A. (1983), « Drug response and diagnostic validation », *in* Rutter, M. (dir.), *Developmental Neuropsychiatry*, New York, Guilford Press, p. 348-365.

TAYLOR, E.A. (1986a), « The causes and development of hyperactive behaviour », *in* Taylor, E.A. (dir.), *The Overactive Child*, Spastics International Medical Publications, Philadelphia, J.B. Lippincott Co., p. 118-160.

TAYLOR, E.A. (1986b), « Subclassification and diagnosis », *in* Taylor, E.A. (dir.), *The Overactive Child*, Spastics International Medical Publications, Philadelphia, J.B. Lippincott Co., p. 174-192.

TAYLOR, E.A. et SANDBERG, S. (1984), « Hyperactive behavior in English schoolchildren : A questionnaire survey », *in Journal of Abnormal Child Psychology*, vol. 12, p. 143-156.

TOGERSEN, A.M. et KRINGLEN, E. (1978), « Genetic aspects of temperamental differences in infants : Their cause as shown through twin studies », *in Journal of the American Academy of Child Psychiatry*, vol. 17, p. 433-444.

TOWBIN, A. (1980), « Neuropathologic factors in minimal brain dysfunction », *in* Rie, H.E. et Rie, E.D. (dir.), *Handbook of Minimal Brain Dysfunction : A Critical View*, New York, Wiley.

TRITES, R.L., DUGAS, E., LYNCH, G. et FERGUSON, H.B. (1979), « Prevalence of hyperactivity », *in Journal of Pediatric Psychology*, vol. 4. p. 179-188.

WEISS, G. et HECHTMAN, L.T. (1986), *Hyperactive Children Grown up*, New York, Guilford Press.

WENDER, P. (1971), *Minimal Brain Dysfunction in Children*, New York, Wiley.

WENDER, P., EPSTEIN, R.S., KOPIN, I.J. et GORDON, E.K. (1971), « Urinary monoamine metabolites in children with minimal brain dysfunction », *in American Journal of Psychiatry*, vol. 127, p. 1411-1415.

WERNER, E., BIERMAN, J.M., FRENCH, F.E., SIMONIAN, K., CONNOR, A., SMITH, R.S. et CAMPBELL, M. (1968), « Reproductive and environmental causalities : A report of the 10-year follow-up of the children of the Kauai pregnancy study », *in Pediatrics*, vol. 42, p. 112-127.

WERNER, E. et SMITH, R. (1977), *Kauai's Children Come of Age*, Honolulu, University of Hawaii Press.

WERRY, J., MINDE, K., GUZMAN, A., WEISS, G., DOGAN, K. et HOY, E. (1972), « Studies on the hyperactive child. VII : Neurological status compared with neurotic and normal children », *in American Journal of Orthopsychiatry*, vol. 42, p. 441-450.

WINNEKE, G. (1983), Neurobehavioral and neuropsychological effects of lead », *in* Rutter, M. et Russel Jones, B. (dir.), *Lead versus Health : Sources and Effects of Low Level Lead Exposure*, Chichester, U.K., Wiley.

YULE, W., LANSDOWN, R., MILLAR, I.B. et URBANOWICZ, M.A. (1981), « The relationship between lead concentration, intelligence and attainment in a school population : A pilot study », *in Developmental Medicine and Child Neurology*, vol. 23, p. 567-576.

3

L'évolution de l'hyperactivité

Une bonne connaissance des manifestations et de l'évolution d'un problème permet généralement une intervention judicieuse et une action préventive. L'imprécision des notions d'hyperactivité et de déficit de l'attention, de même que les multiples débats qui entourent leur définition, devrait donc nous rendre prudents quand il s'agit d'interpréter les données de la recherche. Tracer le portrait de l'enfant hyperactif reste une tâche difficile et hasardeuse. Nous pouvons bien décrire avec force détails ses divers comportements sans pour autant être sûrs qu'ils constituent une entité clinique bien définie. Nous ne disposons pas non plus d'un marqueur biologique permettant de repérer scientifiquement les enfants hyperactifs ou inattentifs. En outre, nos schèmes professionnels, notre expérience, nos opinions et nos perceptions peuvent nous porter à donner plus de poids à certains symptômes qu'à d'autres. Selon le contexte (familial, scolaire ou clinique), notre vision du problème peut varier également. Il nous faut donc tenir compte de toutes ces limites si nous voulons qualifier avec justesse le problème que présente l'enfant.

En raison de son caractère importun et de son évidence, l'hyperactivité est souvent considérée comme le symptôme le plus significatif. Pourtant ce symptôme s'accompagne toujours de difficultés comportementales souvent plus déterminantes pour le développement de l'enfant. Il est vrai que, dans certains cas, l'hyperactivité prend le pas sur les autres manifestations. Mais en se limitant à cette seule dimension, on risque de négliger le réseau d'interactions dans lequel elle s'inscrit. Sans mettre l'accent sur le symptôme d'hyperactivité, notre grille d'analyse évoquera les problèmes de l'enfant qui se trouve confronté à une activité scolaire ou ludique aussi bien qu'à une situation affective ou sociale. Il est important de bien « lire » le comportement de l'enfant et de décrire avec précision toutes ses difficultés sans s'attacher, du moins dans un premier temps, aux causes qui les ont engendrées.

3.1 L'ÂGE DES PREMIÈRES MANIFESTATIONS

Il est difficile de déterminer l'âge où apparaissent les premières manifestations d'un trouble d'hyperactivité avec déficit de l'attention. Les critères définis par le DSM III-R (A.P.A., 1987) s'appliquent plus spécifiquement aux enfants d'âge scolaire, mais ils montrent implicitement que le problème peut débuter bien avant 7 ans. Les données scientifiques et l'expérience clinique semblent démontrer que les premiers symptômes se révèlent à un âge très variable. Selon le témoignage de quelques mères, leur enfant hyperactif aurait toujours agi différemment, même durant la grossesse où, comme fœtus, il bougeait plus que la normale. D'autres affirment que le problème ne s'est révélé qu'à l'époque de la fréquentation scolaire. Plusieurs enfants ne commencent à présenter des symptômes que lorsque les demandes de l'entourage dépassent leurs capacités d'adaptation. Mais un problème d'hyperactivité généralisé se remarque souvent dès le plus jeune âge (Gillberg et Gillberg, 1988).

L'étude prospective menée par Palfrey et ses collaborateurs (1985) auprès d'une population d'enfants appartenant à divers milieux socio-économiques et suivis de la naissance à l'entrée à la maternelle nous apporte des précisions sur l'apparition des comportements associés à un déficit de l'attention. Entre 0 et 14 mois, aucun enfant ne laissait voir de difficultés notables, phénomène qui peut s'expliquer de diverses façons. Il est possible qu'un problème de cette nature ne s'exprime pas ou n'existe pas durant la première année de vie. Peut-être est-ce parce que l'enfant n'est pas encore soumis à des tâches qui pourraient révéler ses difficultés. Enfin, peut-être est-ce aussi parce que nous ne disposons pas d'instrument assez sensible pour mesurer les déficits d'attention chez les nourrissons. Entre 14 1/2 et 29 mois, une vingtaine d'enfants (1 % du groupe entier) présentaient des signes d'impulsivité, d'agitation et d'inattention. De ce nombre, 30 % ont continué d'être symptomatiques jusqu'à leur entrée à la maternelle. Pendant leur deuxième année d'âge, plusieurs enfants dont les parents se demandaient s'ils avaient un comportement normal ou non ont été reconnus hyperactifs. Pour la plupart, le problème s'est confirmé entre 3 1/2 et 4 ans. À cet âge, on exige de l'enfant plus d'autonomie et de sens des responsabilités et c'est alors que se manifestent les premiers signes d'un rejet social si le problème d'hyperactivité est le moindrement marqué. Au total, 13 % des enfants correspondaient aux critères d'un déficit d'attention à un moment ou l'autre de leur cinq premières années. Seulement 5 % ont manifesté des difficultés jusqu'à l'âge de 6 ans. Ce pourcentage est tout à fait comparable aux taux de prévalence des déficits d'attention observés à l'âge scolaire.

3.2 LES ENFANTS DE MOINS DE 5 ANS

Il n'est pas facile, avant 5 ans, de déterminer si tel comportement relève du développement normal ou s'il est déviant. L'agitation, les crises de colère, les comportements d'opposition, etc. se rencontrent aussi chez beaucoup d'enfants normaux. Il s'agit donc avant tout de savoir à partir de quand le problème signalé par les parents devient indicatif d'une situation vraiment anormale.

Des études portant sur des groupes de jeunes enfants pris dans la population générale suggèrent qu'un niveau d'activité élevé (Halverson et Waldrop, 1973) et un comportement d'opposition (Kohn et Parnes, 1974) s'allient à des relations conflictuelles avec les pairs et à une désorganisation dans les activités récréatives. Ces différences ont tendance à persister dans le temps (Campbell *et al.*, 1978). L'étude longitudinale de Buss et ses collaborateurs (1980) démontre que les enfants reconnus hyperactifs à l'âge de 3 et 4 ans se montrent, à l'âge de 7 ans, plus agités, plus rebelles, plus agressifs et davantage compétitifs. Les jeunes enfants à la fois hyperactifs et agressifs sont perçus négativement par leurs pairs (Milich *et al.*, 1982). Des conclusions similaires s'appliquent aux enfants amenés en consultation dans les milieux cliniques (Campbell *et al.*, 1977a, 1977b).

Afin de retracer l'histoire de l'hyperactivité chez le jeune enfant, Campbell et son équipe (1982) ont suivi pendant trois ans un groupe d'enfants (30 garçons et 16 filles) dont l'âge moyen, au début de l'étude, était de 35 mois. Au dire des parents, ils présentaient des symptômes d'agitation et d'inattention, avaient des comportements d'opposition et des crises de colère et étaient incapables de jouer seuls. On a comparé leurs résultats à ceux d'un groupe d'enfants considérés comme normaux.

De façon générale, les parents des enfants du groupe expérimental qualifiaient de « plus difficile » la période néonatale et la première année de vie. Dans l'ensemble, les enfants étaient plus actifs, plus irritables, plus difficiles à consoler, sans toutefois être moins chaleureux que la normale. Ils présentaient aussi des problèmes d'alimentation et de sommeil. Cette étude ne nous renseigne pas sur le nombre d'enfants hyperactifs qui n'ont pas eu ce genre de problèmes pendant cette période de leur vie. Weiss et Hechtman (1986) mentionnent pour leur part que le pourcentage des enfants hyperactifs ayant des problèmes à la naissance ou dans la première année de vie se situe autour de 30 %. Campbell et ses collaborateurs (1982) ont observé que les enfants hyperactifs, tout au long de leur enfance, avaient des relations plus conflictuelles avec leurs pairs et la fratrie, qu'ils réagissaient aux mesures disciplinaires par des crises de colère et qu'ils n'arrivaient pas à jouer seuls.

Dans les questionnaires sur le comportement, les parents répondants accordaient des notes plus élevées pour des facteurs tels que l'hyperactivité et l'agressivité. Mais ils ne jugeaient pas leur enfant anxieux. Il faut toutefois interpréter ces résultats avec prudence. Les parents qui amènent leur enfant en consultation ont tendance à citer des faits appuyant et justifiant leur démarche. À moins que l'enfant ne fréquente une garderie, nous n'avons pas, comme à l'âge scolaire, la possibilité de recourir à une autre source d'informations, qui nous permettrait de détecter plus rapidement des phénomènes comme l'inexpérience ou l'intolérance des parents. L'observation directe devient alors utile pour confirmer les difficultés de l'enfant.

En situation de jeu libre, on a remarqué que les enfants du groupe expérimental changeaient plus souvent d'activités et préféraient les jeux qui ne durent pas longtemps. Ils s'intéressaient moins aux jouets qu'aux autres objets qui étaient dans la pièce. Ils ne se différenciaient pas de façon particulière des enfants du groupe témoin sur le plan de l'activité motrice, mais leur attention était moins soutenue. Dans les tâches structurées toutefois, les différences deviennent plus marquées. Les enfants hyperactifs montraient à cette occasion de l'impulsivité, de l'inattention et de l'agitation motrice de façon beaucoup plus prononcée.

Les difficultés mentionnées ci-dessus ont tendance à durer mais à diminuer d'intensité, à l'exception de l'agressivité qui reste toujours aussi présente (Campbell *et al.*, 1984). Chez 50 % d'enfants hyperactifs suivis jusqu'à l'âge de 6 ans, Campbell et ses collaborateurs (1986b) ont constaté la persistance de sérieux problèmes de comportement. Leurs parents continuaient de signaler des difficultés d'attention et de l'impulsivité avec ou sans agressivité. Le tiers des enfants répondaient aux critères d'hyperactivité et de déficit d'attention, tels qu'établis par le DSM III-R (A.P.A., 1987). Ceux qui se sont améliorés ne se distinguaient plus des enfants du groupe témoin. Les questionnaires remplis par les parents font aussi mention d'indiscipline, d'interactions difficiles avec les pairs et de somatisation. Les enseignants abondent dans le même sens que les parents surtout en ce qui a trait aux comportements extériorisés. En situation de jeu libre, les différences que l'on avait notées à 3 ans n'étaient plus perceptibles, ce qui laisse supposer que les enfants qui ont un déficit d'attention sont capables de se concentrer quand l'activité les intéresse et quand le matériel de jeu les stimule. Mais dans les activités plus structurées, ils manifestent toujours de l'inattention et de l'impulsivité. Les enfants classés dans la catégorie du DSM III-R (A.P.A., 1987), mentionnée ci-dessus, présentaient à l'âge de 3 ans des symptômes dont l'indice de gravité était très élevé. Dès le plus jeune âge, on observe une concordance très forte entre l'hyperactivité et l'agressivité. Les enfants les plus hyperactifs à l'âge de 3 ans sont aussi ceux qui montrent le plus haut taux d'agressivité dans leur comportement quotidien.

Il semble bien que l'on puisse déterminer des sous-groupes déjà parmi les enfants hyperactifs d'âge préscolaire. C'est ce que nous apprend l'étude menée par Schleifer et son équipe (1975) auprès de 28 enfants amenés en consultation par leurs parents pour un problème d'hyperactivité. Chez 11 des 28 enfants, on a pu confirmer des problèmes de comportement à l'observation directe de leurs difficultés lors de divers tests. Les autres enfants ne se distinguaient pas du groupe témoin. À partir de cette constatation, les chercheurs ont divisé le groupe des enfants hyperactifs en deux sous-groupes, l'un composé d'hyperactifs « vrais », et l'autre d'hyperactifs « de situation ». Durant les périodes de jeu libre, on ne notait aucune différence entre les premiers, les seconds et les enfants du groupe témoin. Cette observation semble indiquer que l'enfant normal devient très actif en situation de jeu libre et que son comportement se rapproche alors de celui des enfants hyperactifs. Mais dans les activités structurées, les hyperactifs « vrais » montraient une agitation plus marquée et un niveau d'agressivité plus élevé. Les hyperactifs « de situation » obtenaient des résultats intermédiaires. Les auteurs ont postulé ensuite que les deux groupes d'enfants hyperactifs pouvaient être classés selon l'étiologie de leurs difficultés. Ils attribuaient l'hyperactivité « vraie » à une cause organique, et l'hyperactivité situationnelle à des problèmes psychosociaux. Mais les résultats ont infirmé l'hypothèse : une plus grande proportion de parents d'hyperactifs « vrais » ont fait état de difficultés familiales. Il est fort possible que le comportement de l'hyperactif « vrai » contribue au dysfonctionnement familial et vice versa. La distinction entre les deux groupes peut s'avérer utile sur le plan des modalités d'intervention, mais elle ne semble pas pouvoir expliquer les causes du problème.

Les différentes études menées chez le jeune enfant ont permis de dégager des indices de l'évolution du problème. Ainsi, une symptomatologie grave notée lors de la consultation, de mauvaises relations mère-enfant et un faible statut socio-économique laissent présager une évolution moins favorable (Campbell *et al.*, 1986a). Dans son étude, Palfrey (1985) relève quatre facteurs annonçant la persistance des problèmes au moment de l'entrée à l'école : la monoparentalité, le faible niveau d'éducation de la mère, un retard de développement et d'autres comportements inadaptés. Il existe donc dans l'environnement des facteurs de risque qui pourraient nous permettre de déceler les groupes d'enfants pour lesquels une intervention thérapeutique s'impose. (Rappelons toutefois que l'évolution de certains enfants reste difficile même dans un contexte propice.) Inversement, le niveau d'éducation plus élevé de la mère, la stabilité du milieu familial, une incidence moindre des problèmes de santé et une plus grande habileté cognitive et verbale chez l'enfant sont autant de facteurs de protection reconnus.

3.3 LES ENFANTS D'ÂGE SCOLAIRE

La plupart des enfants qui ont un problème d'hyperactivité et un déficit d'attention sont repérés dès les premières années du primaire. L'entrée à l'école oblige l'enfant à s'adapter à un groupe plus large, à coopérer avec d'autres enfants dans des tâches structurées, à suivre des consignes strictes, à rester longtemps assis et à garder une attention soutenue sans l'aide continue d'un adulte. Ces exigences révèlent souvent les faiblesses de l'enfant. Mais avant d'aborder la description des diverses manifestations, il convient d'expliquer le concept d'attention sélective et sa relation avec le rendement scolaire.

3.3.1 L'attention sélective et la productivité

À tout instant en classe, l'attention de l'enfant est requise. Une bonne attention lui permet de saisir rapidement les messages de l'environnement, d'entreprendre avec souplesse les tâches demandées et d'atteindre les objectifs fixés. Les processus sous-jacents de l'attention s'observent plus facilement lors de l'exécution d'une tâche scolaire. Par exemple, pour être capable d'entrer en interaction avec le groupe, l'enfant doit comprendre les messages verbaux et non verbaux qui lui sont adressés : il lui faut donc mobiliser son attention. Pour amorcer et poursuivre une tâche, il faut aussi de l'attention, c'est-à-dire l'habileté de choisir avec pertinence les bons stimuli et les bonnes informations tout en repoussant les sources de distraction. L'attention est en quelque sorte la première étape de tout acte d'apprentissage (Gagné, 1976). Levine (1987) a proposé le modèle d'attention sélective suivant, lequel se divise en huit étapes :

☐ maintien de l'état d'éveil (étape 1);

☐ prise de conscience des stimuli, de leur existence, de leurs attributs et de leur signification (étape 2);

☐ sélection et rétention des stimuli utiles (étape 3);

☐ filtration et élimination des stimuli inutiles (étape 4);

☐ évaluation de la pertinence : appréciation de relations subtiles entre stimuli (étape 5);

☐ rétroaction : vérification de la valeur des choix (étape 6);

◻ décision de prendre en considération les stimuli qui étayent la connaissance ou appuient l'action (étape 7);

◻ fin du processus : décision de maintenir ou non son intérêt pour les stimuli proposés (étape 8).

Le modèle de Levine n'est qu'une représentation hypothétique et simplifiée d'un phénomène impalpable. Même si nous étions sûrs de sa réalité, il nous faudrait prendre conscience tout de même que l'attention est un processus à la fois instantané et permanent et qu'il se répète des milliers de fois dans une seule journée. En fait, sitôt que nous sommes éveillés, nous faisons face à divers stimuli que nous retenons ou écartons en fonction des tâches à accomplir. L'apprentissage scolaire permet de mieux comprendre les applications du modèle. Ainsi, lorsqu'un enseignant écrit une consigne au tableau, l'élève doit d'abord et avant tout être assez éveillé et attentif pour se rendre compte que des inscriptions ont été tracées (étape 1). La prise de conscience des informations inscrites (étape 2) déclenche ensuite un processus de sélection des données qui serviront à exécuter la consigne de l'enseignant (étape 3). L'enfant doit en même temps exclure ses propres sources de distraction ou celles qui viennent de la classe ou de ses pairs (étape 4) pour juger de la valeur de l'information (étape 5) et de la justesse de son choix (étape 6). L'enfant pourra alors décider d'utiliser cette information (étape 7) et de mettre ensuite fin à l'exercice (étape 8). Le modèle proposé permet de mieux comprendre la nature d'un déficit d'attention et de trouver une certaine cohérence entre les diverses manifestations de ce déficit.

L'attention intervient également dans le traitement de l'information sous toutes ses formes. Elle est indispensable à l'accomplissement d'une tâche qui nécessite la maîtrise des étapes suivantes :

◻ déterminer ses besoins;

◻ réviser les moyens d'atteindre les objectifs fixés;

◻ prévoir les complications et les résultats;

◻ choisir les méthodes ou les moyens les plus appropriés;

◻ éliminer les interférences;

◻ ne pas relâcher son action et persister dans sa tâche;

◻ évaluer sa démarche au fur et à mesure et ajuster ses stratégies au besoin;

◻ perfectionner son action pour la rendre plus efficace;

◻ déterminer la fin de la tâche;

☐ évaluer les résultats et être capable de les appliquer à des tâches similaires.

On décèle chez les enfants qui ont un déficit d'attention des difficultés qui correspondent à chacune de ces étapes. Ils arrivent mal à définir des objectifs. Ils agissent avec impulsivité en choisissant la première action qui leur vient à l'esprit. Ils sont incapables de prévoir les résultats de leur action, et leur répertoire de stratégies est limité. Ils ne savent pas organiser leur travail. Ils manquent de constance et n'évaluent pas très bien la portée de leurs gestes. Ils peuvent abandonner rapidement la tâche ou la poursuivre de façon indue et sans aucune efficacité. Ils n'arrivent pas à intégrer les connaissances acquises et à les utiliser dans d'autres circonstances. La plupart des enfants qui ont un important déficit d'attention ont un piètre rendement scolaire. Ceux qui n'ont pas de problème scolaire souffrent probablement d'un déficit très léger ou possèdent de très bons mécanismes de compensation et d'adaptation qui masquent leurs déficiences. C'est peut-être aussi parce que les milieux scolaire et familial sont mieux outillés pour parer aux conséquences de leur déficit d'attention et en réduire la portée. Ces hypothèses sont difficiles à vérifier puisque l'enfant qui a un rendement satisfaisant fait moins souvent l'objet d'une évaluation par différents professionnels.

Selon Douglas (1983), le déficit d'attention résulterait d'un ensemble de difficultés interreliées concernant la mobilisation, l'organisation et le maintien de l'attention, le contrôle de l'impulsivité, la modulation de l'état d'éveil en fonction des demandes de l'environnement et une tendance prononcée à rechercher un renforcement immédiat. Ces difficultés exercent une influence sur le développement des habiletés cognitives, sur la motivation de l'enfant et sur sa façon d'aborder des tâches cognitives plus complexes. La mesure des différents déficits est extrêmement complexe et les résultats s'avèrent souvent contradictoires au point de rendre les conclusions incertaines.

3.3.2 Le portrait complet de l'enfant atteint de trouble d'hyperactivité avec déficit de l'attention, selon le DSM III-R

En plus d'établir les critères de l'hyperactivité avec déficit de l'attention, les auteurs du DSM III-R (A.P.A., 1987) ont fait une description générale du comportement des enfants affectés par ce type de problème :

« Les caractéristiques essentielles de ce trouble consistent en une inattention, une impulsivité et une hyperactivité anormales pour le niveau de développement. Les sujets atteints de ce trouble manifestent des signes dans chacun de ces secteurs, mais à des degrés variables.

« Les manifestations de ce trouble apparaissent habituellement dans la plupart des situations, notamment à la maison, à l'école, au travail et dans des situations sociales, mais à des degrés variables. Cependant, chez certains sujets, le trouble ne se manifeste que dans une situation donnée, par exemple à la maison ou à l'école. Il est classique de voir les symptômes s'aggraver dans des situations qui réclament de l'attention comme écouter un professeur en classe, assister à une réunion, faire ses devoirs de classe, ou des activités ménagères à la maison.

« Les signes du trouble peuvent être minimes ou absents quand le sujet est contrôlé de façon très stricte, ou soumis à des renforcements fréquents, ou encore lorsqu'il se trouve en situation nouvelle ou confronté à une seule personne.

« En classe ou au travail, les difficultés d'attention et l'impulsivité sont mises en évidence par le fait que le sujet ne se tient pas suffisamment à son travail pour le terminer, et qu'il a du mal à organiser et à achever ses tâches correctement. Les sujets donnent souvent l'impression qu'ils n'écoutent pas ou n'ont pas entendu ce qu'on leur a dit. Leur travail est souvent négligé, fait sans soin et de façon impulsive.

« L'impulsivité est souvent mise en évidence par des réponses précipitées aux questions avant même qu'on ait terminé de les poser, par des commentaires faits à la place d'un autre, par l'impossibilité d'attendre son tour dans des activités de groupe, par l'impossibilité de faire attention à toutes les consignes avant de commencer à effectuer les exercices demandés, par le fait d'interrompre le professeur pendant une leçon, d'interrompre des moments de travail en silence et de parler aux autres enfants.

« L'hyperactivité peut se manifester par une difficulté à rester assis, par le fait de sauter autour de la pièce de façon exagérée, de courir dans la salle de classe, de s'agiter, de manipuler des objets, de remuer et de se contorsionner sur son siège.

« À la maison, on met en évidence les difficultés d'attention par l'impossibilité de répondre aux demandes et aux directives des autres, et par des passages fréquents d'une activité inachevée à une autre. Les problèmes liés à l'impulsivité se traduisent souvent par le fait d'interrompre d'autres membres de la famille ou d'être intrusif, et par un comportement favorisant les accidents. L'hyperactivité peut être mise en évidence par une incapacité à rester assis quand il le faut (de telles situations sont éminemment variables d'un foyer à l'autre) et par des activités beaucoup trop bruyantes.

« Avec les camarades, les difficultés d'attention transparaissent dans l'échec à se plier aux règles des jeux de groupe, ou à écouter les autres enfants. L'impulsivité se traduit souvent par l'impossibilité d'attendre son tour pendant les jeux de groupe, par le fait d'interrompre autrui, d'attraper brutalement des objets (sans intention de nuire), et de se lancer dans des activités potentiellement dangereuses sans prendre en considération les conséquences possibles. L'hyperactivité peut se traduire par un bavardage excessif, par l'incapacité à jouer calmement et à contrôler ses actes pour suivre les règles du jeu. » (A.P.A., 1987.)

Bien que juste, cette description n'est pas spécifique du trouble dont il est question et ne nous permet pas d'en établir les causes ni d'en prévoir l'évolution à long terme. Elle risque aussi d'être réductrice et de ne pas refléter toute la complexité du comportement qui fait problème. Plusieurs parents reconnaîtront leur enfant dans ce tableau et nombre d'enseignants y verront le portrait des élèves hyperactifs de leur classe. Mais un enfant peut présenter de telles caractéristiques et bien fonctionner, ce qui repose la question de la validité des manifestations pour l'établissement d'un syndrome distinct.

3.3.3 Les manifestations du déficit d'attention

Plusieurs manifestations que l'on associe généralement au déficit d'attention ont été observées, décrites et étudiées. Aucune n'est en soi typique du problème de base et toutes font l'objet de recherches pour en établir la validité. Leur expression demeure variable en fonction de l'enfant lui-même, de la tâche à accomplir et du contexte.

Voici donc une liste de manifestations du déficit d'attention :

☐ Difficultés reliées au manque de concentration et à l'inattention :
  - difficulté de reconnaître, de sélectionner, d'utiliser et d'évaluer les détails;
  - préférence pour les approches globales et concrètes;
  - difficulté de maintenir un état d'éveil suffisant;

- fluctuation importante de la qualité de l'attention au cours d'une même tâche ou durant une même journée;
- inconstance dans l'exécution des tâches; attitudes de persévération;
- détérioration de la qualité des stratégies d'approche face à une tâche requérant un haut niveau d'attention;
- incapacité de saisir les nuances d'une donnée ou d'une information;
- déploiement de grands efforts de concentration au détriment de la disponibilité pour accomplir la tâche demandée;
- choix et rétention d'informations peu pertinentes ou inutiles (apprentissage accessoire).

❑ Difficultés reliées à la distractivité :
- distractivité visuelle :
  - balayage visuel superficiel;
  - dépendance des champs visuels;
  - confusion entre le fond et la forme;
  - intérêt exagéré pour les stimuli les plus accrocheurs;
  - difficulté de revenir au point de départ une fois le moment de distraction passé;
- distractivité auditive :
  - attention plus marquée pour les bruits non pertinents;
  - faible capacité d'écoute;
  - difficulté de filtrer les stimuli auditifs (sans atteinte de l'audition);
- distractivité somesthésique :
  - réaction plus marquée aux phénomènes somatiques (par ex. : digestion, état grippal, etc.);
- distractivité de l'imagination :
  - rêveries diurnes;
- distractivité sociale :
  - sensibilité marquée au « climat » de l'environnement;
  - besoin incontrôlé « d'explorer » les autres (les toucher, leur parler, etc.);
  - difficultés d'interpréter les messages issus des interactions sociales;
- insatiabilité :
  - besoin constant de bouger, de toucher à tout;
  - intolérance aux situations calmes et ennuyeuses;
  - incapacité de retarder une gratification;

- désir incontrôlable de tout avoir ou de tout essayer pour ensuite laisser tomber sitôt la réponse obtenue;
- impatience à commencer une tâche et incapacité de la continuer par la suite.

☐ Difficultés reliées à l'impulsivité :

- manque d'inhibition verbale : expression verbale souvent aisée mais contenu inapproprié ou provocant;
- comportement impulsif : réaction exagérée au moindre stimulus; difficulté de prévoir les conséquences d'une action; répertoire de réponses quelque peu limité; variabilité importante du comportement, souvent difficile à prévoir;
- performance impulsive : rythme d'exécution précipité; travail commencé sans une écoute complète des consignes; commission d'un grand nombre d'erreurs dans l'exécution des tâches.

☐ Difficultés reliées à un déséquilibre neuromoteur et à un niveau d'activité inapproprié :

- déséquilibre du système inhibition-facilitation (mouvements associés abondants);
- hyperactivité (non toujours présente);
- activité non dirigée.

☐ Difficultés de rendement :

- variation importante dans la qualité du rendement (notamment à l'occasion de la passation des tests);
- manque de motivation pour les tâches non stimulantes;
- difficulté pour terminer une tâche;
- fatigabilité importante.

☐ Difficultés reliées à une faible capacité de rétroaction :

- absence ou insuffisance des stratégies d'autocorrection;
- manque d'attention aux éléments qui permettraient une rétroaction efficace;
- déficience dans le contrôle des tâches;
- maîtrise non suffisante de la qualité du travail;
- incapacité de prendre conscience de la portée de son comportement et de ses actions.

Cette liste de manifestations n'est pas exhaustive et leur classification et regroupement demeurent arbitraires. Évidemment, ces symptômes ne sont pas tous présents en même temps chez le même enfant.

Ils ne sont pas non plus spécifiques d'une entité diagnostique particulière et peuvent se retrouver dans divers types de problèmes ayant des étiologies tout aussi diverses. La relation entre deux symptômes n'est pas non plus toujours constante. Ainsi, un enfant facilement distrait n'est pas obligatoirement impulsif. Différents facteurs peuvent être à l'origine d'une même manifestation. Un enfant agira parfois avec impulsivité à cause d'un déficit de la mémoire à court terme, d'un manque d'intérêt pour la tâche imposée ou d'un sentiment d'échec qui le porte à bâcler son travail.

Il est également difficile de déterminer la nature précise du déficit cognitif sous-jacent à une manifestation. Ainsi, les enfants qui ont un déficit d'attention ne sont pas nécessairement plus dérangés par des sources de distraction que les autres enfants. Ceux-ci sont cependant plus en mesure de résister à la distraction. Un enfant peut aussi se laisser distraire pour ne pas affronter la difficulté ou subir l'ennui. L'accomplissement d'une tâche difficile peut également rendre l'enfant inattentif. La distractivité reflète parfois l'incapacité de filtrer et de différencier les stimuli ou d'analyser les stimuli concurrents. Il reste encore beaucoup à faire pour préciser la façon dont l'enfant aborde une activité d'apprentissage et pour comprendre les mécanismes cognitifs qui la sous-tendent.

3.3.4 Les problèmes concomitants

a) Les difficultés scolaires

La plupart des enfants dont l'hyperactivité et le déficit d'attention sont très marqués éprouvent aussi des difficultés scolaires (Cantwell et Satterfield, 1978) qui ne s'expliquent pas par des lacunes sur le plan cognitif (Loney, 1974). Plusieurs facteurs peuvent contribuer à l'apparition de ces difficultés dont l'expression et l'intensité varient d'un enfant à l'autre et d'une situation à une autre.

L'agitation, l'inattention et l'impulsivité ne peuvent qu'empêcher l'enfant de répondre aux exigences de l'école. Certains enfants ont des ressources personnelles suffisantes pour atténuer les effets négatifs de leur déficit. D'autres, moins favorisés, ne sont pas en mesure d'atteindre les objectifs scolaires minimaux. Parents et enseignants sont souvent déroutés par le rendement fluctuant de l'enfant, qui n'utilise pas toujours ses habiletés à bon escient.

L'association d'un trouble d'apprentissage (*learning disabilities*) vient fréquemment (25 à 50 % des cas) compliquer le tableau (Lambert et Sandoval, 1980; Levine et Oberklaid, 1980). Il est en ce cas difficile de déterminer si le déficit d'attention et le trouble d'apprentissage relèvent d'une même faiblesse à laquelle l'enfant serait prédisposé ou si le déficit d'attention est la conséquence de ce trouble ou bien de l'échec scolaire (McGee et Share, 1988). De plus, l'expérience de l'échec, la perturbation de ses relations avec son entourage, l'intolérance du milieu familial et scolaire entravent chez l'enfant la disposition à l'apprentissage et renforcent son sentiment d'incompétence.

b) Les difficultés sociales et l'agressivité

Selon leurs professeurs, les enfants hyperactifs n'entretiennent pas de très bonnes relations avec leurs pairs (Campbell et Paulauskas, 1970). C'est aussi la perception que les autres enfants ont des hyperactifs (Klein et Young, 1979). Leurs agissements excessifs (ils courent partout, crient, bousculent, etc.) sont mal acceptés, ce qui, à long terme, devient un facteur déterminant dans leur évolution. La perception négative dont les enfants hyperactifs sont l'objet de la part de leur entourage augmente le risque d'une mésadaptation à l'adolescence et à l'âge adulte (Milich et Loney, 1979). Les interactions qu'ils amorcent avec leurs pairs dégénèrent rapidement en comportements inadéquats. Ils ne semblent pas prévoir les conséquences de leurs actes. On ignore toutefois la portée des réactions de l'entourage sur le comportement des hyperactifs.

L'enfant manifeste souvent à la fois de l'hyperactivité et de l'agressivité, d'où chevauchement du « syndrome » d'hyperactivité et des troubles de la conduite. Près de 60 % des parents d'enfants hyperactifs signalent des symptômes reliés à l'agressivité (Stewart *et al.*, 1966). Les enseignants, pour leur part, notent un problème d'agressivité chez 25 % des enfants hyperactifs (Prinz *et al.*, 1981) alors que 40 à 50 % des pairs le mentionnent (Pelham et Bender, 1982). On ne connaît pas la nature de la relation entre l'hyperactivité et l'agressivité. La première entraîne peut-être la seconde. Les deux font peut-être plutôt partie d'une même entité clinique. Le faible statut socio-économique et la mauvaise qualité des relations intrafamiliales semblent être également des facteurs qui contribuent à l'apparition de l'agressivité chez l'hyperactif (Loney *et al.*, 1978).

3.4 À L'ADOLESCENCE

Les difficultés éprouvées entre 6 et 12 ans, tant sur le plan du comportement que sur celui du rendement scolaire, persistent souvent à l'adolescence (Huessy et Cohen, 1976). La moitié des adolescents évoluent normalement (Feldman *et al.*, 1979) même si 70 à 80 % d'entre eux présentent de l'impulsivité ou de la distractivité (Mendelson *et al.*, 1971), symptômes toutefois beaucoup moins intenses qu'avant (Weiss *et al.*, 1971; Minde *et al.*, 1972). La moitié des adolescents disent éprouver de l'agitation, de l'impatience, de l'irritabilité, de l'impulsivité et avoir des difficultés à étudier (Stewart *et al.*, 1973). L'hyperactivité proprement dite ne serait notée que chez 12 % des adolescents (Mendelson *et al.*, 1971), ce qui a longtemps laissé croire que le « syndrome d'hyperactivité » s'amendait à l'adolescence (Laufer et Denhoff, 1957).

À cet âge, ce sont plutôt les problèmes de discipline, les comportements antisociaux, les difficultés dans les interactions sociales et le faible rendement scolaire qui préoccupent les parents et les enseignants (Weiss et Hechtman, 1986). On note que le rendement scolaire reste souvent laborieux (Weiss *et al.*, 1971) et entraîne un recours plus fréquent à des mesures éducatives spéciales (Feldman *et al.*, 1979). Mais l'expérience de l'échec dans les années antérieures ne semble pas expliquer entièrement les difficultés qui surviennent à l'adolescence. Ackerman et ses collaborateurs (1977) ont comparé deux groupes d'enfants qui avaient des troubles d'apprentissage et dont l'un présentait en plus un comportement hyperactif. Ils ont montré que l'association des deux éléments pouvait laisser prévoir des problèmes d'adaptation et des troubles de la conduite à l'adolescence.

Environ 40 % des adolescents ont une mauvaise estime d'eux-mêmes sans que cela les conduise à des comportements antisociaux (Stewart *et al.*, 1973). Les adolescents à problèmes consomment plus souvent de l'alcool mais ils ne se distinguent pas, en tant que groupe, par un taux plus élevé d'alcoolisme. La consommation de drogues ne semble pas non plus être augmentée (Blouin *et al.*, 1978). Des comportements antisociaux sont observés chez 25 % des adolescents (Weiss *et al.*, 1971; Mendelson *et al.*, 1971). L'étude de Feldman et ses collaborateurs (1979) en rapporte 10 % tandis que celle de Satterfield et son groupe (1982) en dénombre 45 %. Ces écarts s'expliqueraient par des différences méthodologiques dans la conduite des études (Barkley *et al.*, 1990).

L'ensemble des conclusions évoquées ci-dessus s'appliquent à des adolescents qui ont eu un problème d'hyperactivité important durant leur enfance. Mais il ne faut pas oublier que d'autres facteurs peuvent avoir contribué à l'évolution plus ou moins favorable des adolescents.

3.5 À L'ÂGE ADULTE

À l'âge adulte, la mésadaptation peut-elle être la conséquence des échecs scolaires ou des problèmes de socialisation survenus dans l'enfance ? Il est certain que ces difficultés mettent grandement à l'épreuve les capacités d'adaptation. Mais la mésadaptation est peut-être aussi attribuable à d'autres facteurs. Les déceler tous est sans doute impossible. Il en est de même d'ailleurs des facteurs positifs qui facilitent l'évolution de l'individu ou le protègent d'une certaine manière des déviations.

La première étude (Menkes *et al.*, 1967) portant sur l'évolution des enfants hyperactifs arrivés à l'âge adulte laissait entrevoir un avenir sombre pour ces derniers. Les chercheurs ont évalué des adultes 25 ans après leur première consultation dans un service externe de psychiatrie pour hyperactivité et trouble d'apprentissage. Les résultats nous apprennent que quatre sujets étaient considérés comme psychotiques et requéraient un traitement en institution. Deux autres, atteints de retard intellectuel, vivaient en milieu protégé. Finalement, les huit derniers menaient une vie indépendante et autonome. Mais, de ce groupe, la moitié ont dû fréquenter des milieux spécialisés pendant un certain temps. Toutefois, les conclusions de cette étude ne peuvent être retenues, car des problèmes méthodologiques importants en réduisent la portée. En effet, le diagnostic de dysfonctionnement cérébral minime a été posé a posteriori sur examen des dossiers antérieurs et sans possibilité de validation. De plus, les critères d'inclusion ne correspondent pas à ceux qu'on utilise aujourd'hui (les auteurs ont recruté des enfants ayant un retard mental). Il s'agissait sans doute d'individus qui présentaient au départ un problème très sérieux, lequel serait classé maintenant dans les troubles de la conduite.

Dans l'étude de Borland et Heckman (1976), la majorité des adultes, reconnus 20 ans auparavant comme hyperactifs, avaient un emploi permanent et pouvaient s'autosuffire. La moitié présentaient toujours des symptômes d'un syndrome d'hyperactivité. Quatre des 20 sujets étudiés avaient un comportement antisocial. Leur statut socio-économique était inférieur à celui de leur frère. L'étude de Feldman et ses collaborateurs (1979) donne des résultats similaires. La moitié des jeunes adultes évalués ne présentaient plus aucun problème. La très grande majorité (91 %) travaillaient ou fréquentaient l'école et seulement 10 % avaient des problèmes émotifs graves. La plupart des études semblent confirmer que les symptômes observés dans l'enfance ont persisté jusqu'à l'âge adulte (Wool *et al.*, 1976; Shelley et Riester, 1972) et que ces individus encourent un risque plus élevé de développer un problème d'alcoolisme (Goodwin *et al.*, 1975) et des troubles du caractère (Gomez *et al.*, 1981).

Les études rétrospectives, comme celles que nous venons de mentionner, n'apportent pas un éclairage complet sur l'évolution du problème. Pour résoudre cette difficulté, Weiss et ses collaborateurs (1979, 1985) ont mené une étude prospective et comparative auprès d'un groupe d'enfants hyperactifs qui ont été suivis jusqu'à l'âge adulte. En tant que jeunes adultes, ces individus partagent les caractéristiques suivantes :

❏ Les deux tiers des adultes évalués manifestent encore au moins un symptôme : agitation, impulsivité ou faible concentration.

❏ Ils présentent un plus grand nombre de ces traits de personnalité que l'on associe généralement à l'impulsivité. Ils ont plus d'accidents de voiture. Plusieurs ont déménagé et ne vivent donc plus avec leurs parents. Une proportion de 73 % ont développé une personnalité antisociale sans pour autant commettre un plus grand nombre de délits graves.

❏ Leur niveau d'instruction est inférieur à celui des sujets du groupe témoin. Ce sont leurs faibles notes et leurs fréquentes expulsions des cours pour comportement inapproprié qui expliquent leur décrochage de l'école.

❏ Ils se perçoivent comme ayant une faible estime d'eux-mêmes et des difficultés d'intégration sociale. Ils se considèrent également comme plus fragiles du point de vue psychologique.

❏ Sauf exception, ils ne développent pas de trouble psychologique grave même s'ils ont eu des problèmes d'adaptation. On ne trouve pas non plus chez eux un plus haut taux d'alcoolisme et de dépendance aux drogues. Par contre, les tentatives de suicide seraient plus fréquentes parmi ces sujets.

À partir de ces données, est-il possible de tracer la courbe d'évolution des enfants hyperactifs ? Trois tendances semblent du moins se dégager parmi les sujets de l'étude de Weiss. Une première catégorie comprenant 30 à 50 % des sujets s'adapte à la vie adulte et à ses exigences. Une deuxième catégorie représentant 50 % des sujets continue de manifester des symptômes (impulsivité, agitation, etc.) et des atteintes du comportement de gravité variable. Leur estime de soi est faible et ils ont divers problèmes psychologiques accompagnés d'anxiété. Enfin, une troisième catégorie, restreinte heureusement, présente de graves problèmes d'adaptation et des signes de trouble psychologique sérieux.

Il est difficile d'établir les facteurs les plus déterminants dans l'évolution des enfants hyperactifs. Ni l'hyperactivité ni le déficit d'attention ne peuvent respectivement tout expliquer. Un déficit ne s'exprime vraiment que chez un hôte vulnérable et dans un milieu qui l'occasionne. On a tout de même mis en évidence certains facteurs de prévision. Par exemple, un niveau d'agressivité élevé, observé lors de la consultation initiale, a été mis en corrélation avec un comportement antisocial apparaissant à l'adolescence. Le quotient intellectuel, le statut socio-économique et la qualité des relations familiales pèsent aussi sur l'évolution à long terme. Selon leur témoignage, plusieurs anciens hyperactifs ont connu une enfance malheureuse. La discorde familiale, le sentiment d'être différent et incapable, de même que le fait d'être toujours critiqué, ont nourri cette image d'enfance malheureuse. Par contre, ils disent avoir été aidés par l'un des parents (habituellement la mère) qui croyait en leur capacité de réussir, par la rencontre d'un enseignant compréhensif ou par la découverte d'une aptitude qui leur était propre.

Le développement des enfants hyperactifs et anormalement inattentifs ne suit pas une trajectoire déterminée et prévisible. Ces enfants ne s'acheminent donc pas fatalement vers un comportement de plus en plus déviant ou antisocial. On ne peut pas non plus prédire avec certitude qu'à l'âge adulte ils sauront s'adapter. Cependant il est impossible de nier le fait que les problèmes rencontrés dans leur enfance risquent d'avoir des répercussions sur leur devenir. Mais ces effets ne sont pas nécessairement négatifs. L'expérience de difficultés, bien que non obligatoire, permet parfois à l'enfant et à sa famille de mieux répondre aux exigences de la vie. Ce sont en définitive les mécanismes d'adaptation déployés par l'enfant et son entourage qui sont déterminants.

BIBLIOGRAPHIE

ACKERMAN, P.T., DYKMAN, R.A. et PETERS, J.E. (1977), « Teenage status of hyperactive and nonhyperactive learning disabled boys », in American Journal of Orthopsychiatry, vol. 47, p. 577-596.

AMERICAN PSYCHIATRIC ASSOCIATION (1987), *Diagnostic and Statistical Manual of Mental Disorders*, 3ᵉ éd. rev., Washington, A.P.A.

BARKLEY, R.A., FISCHER, M., EDELBROCK, C.S. et SMALLISH, L. (1990), « The adolescent outcome of hyperactive children diagnosed by research criteria : I. An 8-year prospective follow-up study », *in Journal of the American Academy of Child and Adolescent Psychiatry*, vol. 29, p. 546-557.

BLOUIN, A.G.A., BORNSTEIN, R. et TRITES, R. (1978), « Teen-age alcohol use among hyperactive children : A 5-year follow-up study », *in Journal of Pediatric Psychology*, vol. 3, p. 188-194.

BORLAND, B.L. et HECKMAN, H.K. (1976), « Hyperactive boys and their brothers : A 25-year follow-up study », *in Archives of General Psychiatry*, vol. 33, p. 669-675.

BUSS, D.M., BLOCK, J.H. et BLOCK, J. (1980), « Preschool activity level : Personality correlates and developmental implications », *in Child Development*, vol. 51, p. 401-408.

CAMPBELL, S.B., BREAUX, A.M., EWING, L.J. et SZUMOWSKI, E.K. (1984), « A one-year follow-up study of parent-referred hyperactive preschool children », *in Journal of the American Academy of Child Psychiatry*, vol. 23, p. 243-249.

CAMPBELL, S.B., BREAUX, A.M., EWING, L.J. et SZUMOWSKI, E.K. (1986a), « Correlates and predictors of hyperactivity and aggression : A longitudinal study of parent-referred problem preschoolers », *in Journal of Abnormal Child Psychology*, vol. 14, p. 217-234.

CAMPBELL, S.B., EWING, L.J., BREAUX, A.M. et SZUMOWSKI, E.K. (1986b), « Parent-referred problem three-year-olds : Follow-up at school entry », *in Journal of Child Psychology and Psychiatry*, vol. 27, p. 473-488.

CAMPBELL, S.B., ENDMAN, M. et BERNFELD, G. (1977a), « A three-year follow-up of hyperactive preschoolers into elementary school », *in Journal of Child Psychology and Psychiatry*, vol. 18, p. 239-249.

CAMPBELL, S.B. et PAULAUSKAS, S. (1979), « Peer relations in hyperactive children », *in Journal of Child Psychology and Psychiatry*, vol. 20, p. 233-246.

CAMPBELL, S.B., SCHLEIFER, M., WEISS, G. et PERLMAN, T. (1977b), « A two-year follow-up of hyperactive preschoolers », *in American Journal of Orthopsychiatry*, vol. 47, p. 149-162.

CAMPBELL, S.B., SCHLEIFER, M. et WEISS, G. (1978), « Continuities in maternal reports and child behaviors over time in hyperactive and comparison groups », *in Journal of Abnormal Child Psychology*, vol. 6, p. 33-45.

CAMPBELL, S.B., SZUMOWSKI, E.K., EWING, L.J., GLUCK, D.S. et BREAUX, A.M. (1982), « A multidimensional assessment of parent-identified behavior problem toddlers », *in Journal of Abnormal Child Psychology*, vol. 10, p. 569-591.

CANTWELL, D.P. et SATTERFIELD, J.H. (1978), « The prevalence of academic under-achievement in hyperactive children », *in Journal of Pediatric Psychology*, vol. 3, p. 168-171.

DOUGLAS, V.I. (1983), « Attentional and cognitive problems », *in* Rutter, M. (dir.), *Developmental Neuropsychiatry*, New York, Guilford Press, p. 280-329.

FELDMAN, S., DENHOFF, E. et DENHOFF, J. (1979), « The attention disorders and related syndromes : Outcome in adolescence and young adult life », *in* Denhoff, E. et Stern, L. (dir.), *Minimal Brain Dysfunction : A Developmental Approach*, New York, Masson Publishing (USA).

GAGNÉ, R.M. (1976), *Les principes fondamentaux de l'apprentissage*, Montréal, Les Éditions HRW Ltée.

GILLBERG, I.C. et GILLBERG, C. (1988), « Generalized hyperkinesis : Follow-up study from age 7 to 13 », *in Journal of the American Academy of Child and Adolescent Psychiatry*, vol. 27, p. 55-59.

GOMEZ, R.L., JANOWSKY, D., ZEITIN, M., HUEY, L. et CLOPTON, P.L. (1981), « Adult psychiatric diagnosis and symptoms compatible with the hyperactive child syndrome : A retrospective study », *in Journal of Clinical Psychiatry*, vol. 42, p. 389-394.

GOODWIN, D.W., SCHULSINGER, F., HERMANSEN, L., GUZE, S.S. et WINOKUR, G. (1975), « Alcoholism and the hyperactive child syndrome », *in Journal of Nervous and Mental Disease*, vol. 160, p. 349-353.

HALVERSON, C.F. et WALDROP, M.F. (1973), « The relations of mechanically recorded activity level to varieties of preschool play behavior », *in Child Development*, vol. 44, p. 678-681.

HUESSY, H.R. et COHEN, A.H. (1976), « Hyperkinetic behaviors and learning disabilities followed over seven years », *in Pediatrics*, vol. 57, p. 4-6.

KLEIN, A. et YOUNG, R. (1979), « Hyperactive boys in their classroom : Assessment of teacher and peer perceptions, interactions and classroom behavior », *in Journal of Abnormal Child Psychology*, vol. 7, p. 425-442.

KOHN, M. et PARNES, B. (1974), « Social interaction in the classroom : A comparison of apathetic-withdrawn and angry-defiant children », *in Journal of Genetic Psychology*, vol. 125, p. 165-175.

LAMBERT, N.M. et SANDOVAL, J. (1980), « The prevalence of learning disabilities in a sample of children considered hyperactive », *in Journal of Abnormal Child Psychology*, vol. 8, p. 33-50.

LAUFER, M.W. et DENHOFF, E. (1957), « Hyperkinetic behavior syndrome in children », *in Journal of Pediatrics*, vol. 32, p. 463-474.

LEVINE, M.D. (1987), *Developmental Variation and Learning Disorders*, Cambridge, Mass., Educators Publishing Service, p. 15-67.

LEVINE, M.D. et OBERKLAID, F. (1980), « Hyperactivity. Symptom complex or complex symptom ? », *in American Journal of Diseases in Children*, vol. 134, p. 409-414.

LONEY, J. (1974), « The intellectual functioning of hyperactive elementary school boys : A cross-sectional investigation », *in American Journal of Orthopsychiatry*, vol. 44, p. 754-762.

LONEY, J., LANGHORNE, J.E. et PATERNITE, C.E. (1978), « An empirical basis for subgrouping the hyperkinetic/MBD syndrome », *in Journal of Abnormal Psychology*, vol. 87, p. 431-441.

MCGEE, R. et SHARE, D.L. (1988), « Attention deficit disorder-hyperactivity and academic failure : Which comes first and what should be treated », *in Journal of the American Academy of Child and Adolescent Psychiatry*, vol. 27, p. 318-325.

MENDELSON, W.B., JOHNSON, N.E. et STEWART, M.A. (1971), « Hyperactive children as teenagers : A follow-up study », *in Journal of Nervous and Mental Disease*, vol. 153, p. 273-279.

MENKES, M.M., ROWE, J.S. et MENKES, J.H. (1967), « A twenty-five-year follow-up study on the hyperkinetic child with minimal brain dysfunction », *in Pediatrics*, vol. 39, p. 393-399.

MILICH, R., LANDAU, S., KILBY, G. et WHILLEN, P. (1982), « Preschool peer perceptions of the behavior of hyperactive and aggressive children », *in Journal of Abnormal Child Psychology*, vol. 10, p. 497-510.

MILICH, R., LONEY, J. (1979), « The role of hyperactive and aggresive symptomatology in predicting adolescent outcome among hyperactive children », *in Journal of Pediatric Psychology*, vol. 3, p. 93-112.

MINDE, K., WEISS, G. et MENDELSON, N.A. (1972), « A five-year follow-up of 91 hyperactive school children », *in Journal of the American Academy of Child Psychiatry*, vol. 11, p. 595-610.

PALFREY, J.S., LEVINE, M.D., WALKER, D. et SULLIVAN, M. (1985), « The emergence of attention deficits in early childhood », *in Journal of Developmental and Behavioral Pediatrics*, vol. 6, p. 339-348.

PELHAM, W.E. et BENDER, M.E. (1982), « Peer relationships in hyperactive children : Description and treatment », *in* Gadow, K. et Bialer, I. (dir.), *Advances in Learning and Behavioral Disability*, Greenwich, Conn., JAI Press, vol. 1.

PRINZ, R., CONNER, P. et WILSON, C. (1981), « The intertwined dimensions of aggression and hyperactivity in childhood », *in Journal of Abnormal Child Psychology*, vol. 9, p. 191-202.

SATTERFIELD, J.H., HOPPE, C.M. et SCHELL, A.M. (1982), « A prospective study of delinquency in 110 adolescent boys with attention deficit disorder and 88 normal adolescent boys », *in American Journal of Psychiatry*, vol. 139, p. 797-798.

SCHLEIFER, M., WEISS, G., COHEN, N.J., ELMAN, M., CVEJIC, H. et KRUGER, E. (1975), « Hyperactivity in preschooler and the effect of methylphenidate », *in American Journal of Orthopsychiatry*, vol. 45, p. 38-50.

SHELLEY, E.M. et RIESTER, A.A. (1972), « A syndrome of minimal brain damage in young adults », *in Diseases of the Nervous System*, vol. 33, p. 335-338.

STEWART, M.A., MENDELSON, W.B. et JOHNSON, N.E. (1973), « Hyperactive children as adolescents : How they describe themselves », *in Child Psychiatry and Human Development*, vol. 4, p. 3-11.

STEWART, M., PITTS, F., CRAIG, A. et DIERUF, W. (1966), « The hyperactive child syndrome », *in American Journal of Orthopsychiatry*, vol. 36, p. 861-867.

WEISS, G. et HETCHMAN, L.T. (1986), *Hyperactive Children Grown up*, New York, Guilford Press.

WEISS, G., HETCHMAN, L.T., MILROY, T. et PERLMAN, T. (1985), « Psychiatric status of hyperactives as adults : A controlled 15-year follow-up of 63 hyperactive children », *in Journal of the American Academy of Child Psychiatry*, vol. 24, p. 211-220.

WEISS, G., HECHTMAN, L.T., PERLMAN, T., HOPKINS, J. et WENER, A. (1979), « Hyperactive children as young adults : A controlled prospective 10-year follow-up of the psychiatric status of 75 children », *in Archives of General Psychiatry*, vol. 36, p. 675-681.

WEISS, G., MINDE, G., WERRY, J.S., DOUGLAS, V.I. et NEMETH, E. (1971), « Studies on the hyperactive child VIII : Five-year follow-up, *in Archives of General Psychiatry*, vol. 24, p. 409-414.

WOOD, D.R., REIMHERR, F.W., WENDER, P.H. et JOHNSON, G.E. (1976), « Diagnosis and treatment of minimal brain dysfunction in adults », *in Archives of General Psychiatry*, vol. 33, p. 1353-1360.

PARTIE II

De l'évaluation à l'intervention thérapeutique

4

L'évaluation

PLAN

*D*e façon générale, l'hyperactivité pose problème lorsque les mécanismes naturels d'adaptation de l'enfant et ceux de son entourage n'arrivent plus à maintenir l'équilibre nécessaire à l'évolution normale de l'enfant. La stabilité de cet équilibre dépend des forces et des faiblesses psychologiques en présence chez l'enfant et dans son milieu familial et scolaire. Le moment où se produit la rupture et où le problème devient évident varie d'un enfant à l'autre et d'un contexte à un autre. Les signes en sont le faible rendement scolaire, la mésadaptation du comportement et les conflits interpersonnels. L'intervention se situe donc à un point donné de l'évolution du problème. La situation antérieure, c'est-à-dire toutes les difficultés accumulées, les tentatives de solution, les efforts d'adaptation de part et d'autre, constitue une sorte d'arrière-plan dont dépendra la réaction à l'intervention thérapeutique.

Parfois, la simple prise de conscience des difficultés par les enseignants ou les parents aboutit à des changements d'attitudes et de méthodes, suffisants pour rétablir l'équilibre momentanément rompu et permettre à l'enfant de mieux évoluer. Par exemple, à la suite de cette prise de conscience, l'enseignant transmettra des consignes différemment ou diminuera ses exigences. De leur côté, les parents changeront d'attitude pendant la séance des devoirs ou adopteront un horaire quotidien qui conviendra mieux à l'enfant. De tels réajustements se font par intuition et expérience. Si l'enfant y est réfractaire, sa situation s'aggrave et ses échecs scolaires augmentent. Pour leur part, les parents et enseignants voient là un échec de leurs efforts. C'est alors qu'on doit envisager une évaluation plus poussée du problème.

Plusieurs éléments interviennent dans la décision de demander une intervention professionnelle. L'importunité ou l'intensité des symptômes de l'enfant vont hâter la décision. On jugera que l'intervention devient indispensable si l'enfant hyperactif a des relations conflictuelles avec les autres enfants. Par contre, l'enfant qui ne présente qu'un déficit d'attention et une attitude de retrait ne sera pas l'objet d'une intervention aussi rapide. La décision dépend aussi de la perception et de la tolérance du milieu scolaire et familial. La popularité de l'hyperactivité peut même jouer. Bien entendu, la disponibilité des ressources entre aussi en ligne de compte.

L'évaluation doit répondre à des objectifs clairs, à savoir :

❑ identifier et décrire avec précision les difficultés de l'enfant;

❑ faire état des facteurs qui contribuent au problème;

- mettre en lumière les forces et les mécanismes naturels d'adaptation décelables chez l'enfant et dans son milieu familial et scolaire;

- préparer et planifier l'intervention.

L'évaluation doit aussi être adaptée à chaque situation. Il n'est pas nécessaire dans tous les cas de recourir à une évaluation extensive. Le psychologue scolaire ou l'orthopédagogue sont en mesure, par leur évaluation respective, de dresser un plan d'intervention efficace. À la maison, le comportement de l'enfant peut être plus stable, et les parents sont souvent capables de supporter la situation.

Mais une évaluation devient utile quand la situation est confuse, que trop de facteurs entrent en jeu ou quand le comportement de l'enfant suscite des opinions divergentes au sein de l'entourage. On aura avantage à s'adresser à une équipe multidisciplinaire qui fera l'inventaire complet des besoins de l'enfant.

4.1 LA CONDUITE DE L'ÉVALUATION

La problématique de l'hyperactivité et du déficit d'attention est difficile à cerner. De ce fait, toute la démarche diagnostique doit être rigoureuse et systématique. La conduite de l'évaluation en particulier doit s'appuyer sur certains principes qui en garantissent la valeur.

Il est essentiel de situer le problème dans son contexte historique et de tenir compte de ses aspects dynamiques pour déceler l'influence du passé sur le présent.

Aux fins de la planification d'un programme d'intervention, un bilan des forces et des faiblesses de l'enfant est plus important que l'établissement d'un diagnostic précis et définitif.

L'évaluation ne doit pas porter seulement sur les comportements problématiques de l'enfant. Le contexte dans lequel ils se présentent doit aussi être pris en considération.

Le problème se manifeste à travers de multiples interactions sociales. Malgré les déficits dans les différentes sphères de fonctionnement de l'enfant (cognitif, physique, etc.), le problème n'a de signification que s'il est perçu comme tel par l'entourage. L'intervenant devra faire une distinction entre le problème qu'éprouve l'enfant et le malaise que ressent l'entourage.

Les instruments d'évaluation (entrevue, questionnaires, etc.) permettent de mieux décrire les difficultés de l'enfant, mais doivent être utilisés avec discernement. Il ne faut pas cependant négliger les approches intuitives qui ont aussi leur place même si on ne peut pas toujours en mesurer la valeur et le rendement.

Plusieurs pistes d'intervention apparaîtront au cours de l'évaluation. Une description précise du problème a de bonnes chances de conduire à des choix thérapeutiques judicieux.

La valeur des conclusions est fonction de la pondération relative de tous les facteurs en cause. Une évaluation ponctuelle et des mises en situation artificielles ne conduisent pas à des résultats valides. L'image de l'enfant, révélée par l'évaluation, engendre des hypothèses qui devront être vérifiées par une observation continue et un suivi longitudinal. La réaction aux interventions est l'ultime confirmation de ces hypothèses.

Aucune spécialité en particulier n'a le monopole de l'évaluation. Le recours à une équipe multidisciplinaire peut être utile surtout dans les situations complexes : les spécialistes de chaque discipline contribueront alors à clarifier un aspect de la situation de l'enfant.

L'intervenant aura avantage à montrer de l'empathie et du respect. Il n'y a pas lieu d'adopter des attitudes qui suscitent de la culpabilité chez les personnes responsables de l'enfant.

Les professionnels du milieu scolaire sont presque toujours les premiers collaborateurs puisque les problèmes sont repérés le plus souvent à l'école. On fera appel à d'autres intervenants selon la nature du problème, sa gravité ou ses complications. Chaque intervenant applique à la situation sa propre grille d'analyse, ce qui nuit parfois à la communication. Mais chacun, selon sa compétence, a un rôle à jouer.

4.2 LES INSTRUMENTS D'ÉVALUATION

L'évaluation d'un cas d'hyperactivité nécessite la prise en considération de multiples facteurs et, de ce fait, prend la forme d'une démarche systématique. Parmi les diverses méthodes d'évaluation, aucune ne s'applique exclusivement à l'hyperactivité. Leur efficacité dépend plus de la compétence de l'utilisateur que des qualités propres à la méthode. Certains instruments, comme l'entrevue clinique, sont utilisés par les spécialistes de diverses disciplines. D'autres, comme les tests psychométriques, les tests pédagogiques et l'examen médical, sont réservés à certains professionnels. L'entrevue clinique, les questionnaires, les examens psychologique, orthopédagogique et médical sont certainement les instruments les plus courants.

4.2.1 L'entrevue clinique

L'entrevue clinique est certes une démarche essentielle, qui permet de recueillir un grand nombre de renseignements. Ses avantages sont multiples. Outre la collecte des données factuelles, elle permet :

□ d'établir une relation avec les intéressés;

□ d'améliorer la qualité des réponses;

□ de clarifier les ambiguïtés d'une question ou d'une réponse;

□ d'apporter davantage d'informations sur certains aspects importants du problème;

□ d'évaluer la perception que l'enfant ou son entourage peuvent avoir du problème;

□ de sonder la motivation à l'égard d'un traitement éventuel.

Il existe différentes formes d'entrevues : libre, semi-structurée et structurée. Pendant la dernière décennie, plusieurs instruments d'entrevues structurées ont été mis au point. Ils permettent d'obtenir une information plus standardisée et de mieux classifier les problèmes (Edelbrock, 1988). Cependant, ils ne sont pas utilisés couramment et il faudra encore plusieurs études pour en prouver la validité. Ils présentent certains défauts : le changement d'intervieweurs entraîne une trop grande variation dans les réponses et les répondants ont souvent tendance à modifier leur réponse en fonction de la nature des symptômes et des circonstances dans lesquelles ils se manifestent.

La plupart du temps, on procède à des entrevues semi-structurées. La collecte des informations se fait suivant un canevas de base, mais l'intervieweur peut varier à volonté les façons d'obtenir l'information qu'il juge pertinente et peut explorer plus à fond certains aspects du problème. Une entrevue semi-structurée requiert une grande expérience de la part de l'intervieweur. Les données factuelles (données démographiques, antécédents, évolution du problème, etc.) sont recueillies au moyen de formulaires faciles à remplir et qui épargnent du temps (Levine, 1980). L'intervenant pourra donc, lors de l'entrevue, s'attarder davantage à faire préciser les points saillants et à en discuter.

a) L'entrevue avec les parents

Force nous est de rappeler que les renseignements étant recueillis surtout auprès des adultes qui entourent l'enfant, ils peuvent avoir été faussés par des perceptions erronées ou des conflits d'intérêts. Il n'y a pas lieu toutefois de douter du désir sincère des parents de trouver une solution à une situation difficile. L'entrevue avec les parents a pour but principal de tracer l'évolution de l'enfant depuis sa naissance. Certaines remarques qui ne semblent pas pertinentes à première vue fournissent souvent une meilleure vision d'ensemble. Dans une démarche empreinte de souplesse, l'intervenant essaiera d'obtenir des renseignements touchant les divers aspects énumérés ci-dessous :

☐ La consultation :
- les raisons et les motifs de la consultation;
- la source de référence;
- l'information donnée à l'enfant au sujet de la démarche d'évaluation.

☐ Le problème :
- la nature du problème (manifestations, intensité);
- l'histoire du problème (début, évolution);
- les lieux où il se manifeste le plus (milieu familial, école);
- les facteurs d'exacerbation et d'amélioration;
- les évaluations antérieures;
- les interventions antérieures et leurs résultats;
- les ressources du milieu qui sont engagées dans l'intervention;
- la perception du problème par chacun des parents (intensité, problèmes engendrés, causes, etc.);
- la structure de la classe de l'enfant;
- la perception de l'école par les parents.

☐ Les antécédents :
- l'histoire de la grossesse et de l'accouchement :
  - déroulement et perception de la grossesse;
  - complications;
  - consommation de médicaments, de drogues ou d'alcool;
  - stress;
  - complications à l'accouchement;
- l'histoire de la période néonatale :
  - âge gestationnel, poids de naissance;

- problèmes notés à la naissance (cyanose, convulsions, jaunisse, difficultés respiratoires, etc.);
- traitements;
- hospitalisation prolongée;
- l'histoire médicale de l'enfant :
  - maladies aiguës;
  - maladies chroniques;
  - interventions chirurgicales;
  - hospitalisations;
  - médications passées et actuelles;
- l'histoire du développement :
  - principales étapes du développement psychomoteur (motricité globale et fine, langage, etc.);
  - entraînement à la propreté;
- l'histoire du comportement :
  - tempérament;
  - autonomie, socialisation;
  - problèmes de comportement;
  - problèmes d'alimentation, de sommeil;
- l'histoire scolaire :
  - âge du début de la fréquentation scolaire;
  - problèmes notés lors de l'entrée à l'école;
  - changements d'école;
  - reprises d'années scolaires;
  - relations avec les enseignants.

❐ L'histoire familiale et sociale :
- les données démographiques (âge des parents, degré d'instruction, emploi);
- les antécédents des parents (médicaux, psychologiques, scolaires);
- la structure familiale;
- l'organisation familiale et son fonctionnement;
- les stress familiaux (financier, social, émotif, etc.).

❐ Le portrait de l'enfant :
- les habiletés et les intérêts;
- les forces et les faiblesses;
- les habitudes de vie;

- les difficultés de comportement (cf. questionnaires de comportement);
- les relations avec les parents, la fratrie et les pairs.

Durant l'entrevue, l'intervieweur devra porter attention aux attitudes des parents, à leurs réactions face à certaines affirmations, aux discordances entre eux à propos de la valeur attribuée au problème et aux points les plus conflictuels. Même si une partie des informations peut être recueillie par questionnaire, il y a lieu de discuter avec les parents des différents points énumérés ci-dessus.

b) L'entrevue avec l'enfant

On oublie trop souvent que l'enfant est l'acteur principal. Sa collaboration est donc essentielle tout au long du processus d'évaluation et lors de l'établissement du plan d'intervention. Un enfant très agité n'est certes pas le candidat idéal pour participer à une entrevue standard. Il faudra donc tirer profit des situations d'apprentissage ou d'évaluation pour écouter ses messages, sans oublier que les messages non verbaux sont parfois les plus révélateurs. Certains enfants, généralement quand ils sont plus âgés, seront cependant capables de donner oralement leur version du problème et de ses causes, d'évaluer leur compétence propre et de parler de leurs relations avec le milieu scolaire et la famille. Au cours de l'évaluation, il est primordial d'accorder à l'enfant un temps privilégié non seulement pour discuter des différents points mentionnés ci-dessus, mais aussi pour établir une alliance avec lui, élément si important dans toute intervention thérapeutique. L'enfant a besoin de sentir qu'il est le premier intéressé et que le problème ne regarde pas seulement les adultes. Il arrive que des enfants, ne se sentant pas du tout concernés par leur problème, laissent aux parents et aux enseignants le soin de s'en inquiéter. Mais cette inquiétude peut devenir écrasante pour l'enfant parce qu'il ne peut rien contre elle et qu'elle finit par l'empêcher de prendre ses responsabilités dans la résolution de son problème. À partir de 9 ou 10 ans, l'enfant est capable d'exprimer davantage ce qu'il souhaiterait changer et ce qu'il considère être ses compétences et ses difficultés sur différents plans : vie quotidienne, sports, relations avec ses pairs, matières scolaires et habiletés qui s'y rattachent, relations avec le professeur, échecs personnels, orientation scolaire et expérience vécue.

À la longue, il arrive que l'entourage prête plus d'attention à l'hyperactivité de l'enfant qu'à l'expression de ses besoins. Il n'est donc pas rare de constater que les besoins des parents et du milieu scolaire prennent le pas sur ceux de l'enfant. C'est pourquoi il est très important que l'évaluateur écoute attentivement les propos de l'enfant. Ils lui permettront de choisir le mode d'intervention qui lui convient le mieux et qui répond le plus exactement à ses souhaits.

c) L'entrevue avec l'enseignant

Avec l'enseignant, on aborde surtout le comportement de l'enfant. La conversation porte en général sur les points suivants :

- le rendement scolaire de l'enfant;
- le comportement de l'enfant face aux tâches régulières, aux difficultés, aux exigences et aux mesures d'encadrement;
- les stratégies utilisées et leurs résultats;
- les interactions enseignant-élève;
- les interactions élève-pairs;
- l'autonomie de l'enfant.

La plupart des renseignements que fournit l'enseignant sont basés sur ses observations et sont centrés sur l'enfant. On aborde moins souvent avec lui la façon dont lui-même fait face à cet enfant qui dérange la classe. De même, il est difficile d'obtenir des indications sur le style de l'école, son climat et la manière dont sont traités les enfants qui ont des problèmes. Pourtant ces informations permettraient d'évaluer les pressions que le milieu scolaire fait subir à l'enfant. Dans l'esprit des travaux de Rutter (1983) et de Garbarino (1981), il serait utile d'étudier plus à fond l'incidence de la structure de l'école sur les résultats scolaires des enfants hyperactifs.

4.2.2 Les questionnaires sur le comportement

Depuis le début des années 70, les questionnaires sur le comportement sont de plus en plus utilisés. Ils servent principalement à objectiver le problème à l'étude et à déterminer des normes de comportement (Barkley, 1988). Leur conception suit trois étapes :

- établissement d'un répertoire complet des diverses manifestations du ou des comportements problématiques;
- création d'une échelle d'évaluation et de pondération des critères retenus, en fonction de certains paramètres comme l'intensité ou la fréquence;

❏ validation de l'échelle pour s'assurer que les résultats sont conformes à la réalité du problème vécu.

L'utilisation de ce type de questionnaire présuppose chez le répondant et la personne qui l'administre une perception et une compréhension identiques des différents aspects du comportement qu'il faut coter. Les notions abstraites, davantage difficiles à cerner, sont susceptibles de limiter cette compréhension. Et comme le comportement de l'enfant varie en fonction de plusieurs facteurs, nous ne pouvons être sûrs qu'il y aura concordance entre les opinions du répondant au questionnaire et celles d'autres observateurs du même enfant.

Plusieurs facteurs risquent d'influer sur les réponses et d'invalider les résultats du questionnaire. Les caractéristiques du répondant, son degré d'instruction, ses capacités intellectuelles, son état affectif ou ses opinions peuvent en effet orienter les réponses. Les caractéristiques de l'échelle, sa structure, sa spécificité par rapport au sujet, les termes utilisés, le temps requis pour répondre orientent aussi les réponses tout comme le contexte dans lequel le questionnaire est utilisé. Il ne serait pas approprié de penser que le portrait tracé par le questionnaire est le meilleur et unique reflet de la réalité de l'enfant. Un questionnaire sur le comportement ne peut servir à la confirmation d'un diagnostic. Ainsi, un indice d'hyperactivité élevé dans l'échelle de Conners (forme abrégée) ne permet pas de conclure à un problème d'hyperactivité de nature organique. Il confirme plutôt l'existence du problème sans égard à la cause.

Les questionnaires, en tant qu'outils diagnostiques, essaient de mieux cerner le problème de l'enfant. Ils comportent plusieurs avantages :

❏ ils donnent des renseignements sur des comportements qui s'étalent sur plusieurs années et se manifestent dans différentes situations;

❏ ils permettent d'obtenir des données sur des comportements moins fréquents qu'il serait très difficile d'observer directement;

❏ ils sont d'utilisation économique (temps et argent);

❏ ils existent sous plusieurs formes et touchent divers aspects des problèmes de comportement;

❏ ils donnent une vue générale du comportement de l'enfant indépendamment des variations contextuelles;

❏ ils favorisent la collaboration des parents et des enseignants à toutes les étapes de l'intervention;

❏ ils sont essentiels à la recherche épidémiologique, étiologique et thérapeutique.

De tous les types de questionnaires qui existent, aucun n'est conçu expressément pour le problème de l'hyperactivité, même la formule abrégée du questionnaire de Conners, qui évalue conjointement les problèmes de conduite et l'hyperactivité. Il est difficile de mesurer exactement un comportement en particulier.

De toute façon, le recours aux questionnaires n'est ni essentiel ni obligatoire pour la planification d'un programme d'intervention efficace. De plus, le meilleur des questionnaires ne peut remplacer le jugement de celui qui l'utilise.

a) Les questionnaires des parents

Le questionnaire de Conners pour les parents — version revue
(voir Annexe A)

La version revue du questionnaire de Conners, qui s'adresse aux parents, compte 48 items alors que la version originale en comptait 93 (Conners, 1970). Cette version sert surtout à évaluer les troubles de la conduite (agressivité, hyperactivité, etc.). Le questionnaire peut être rempli en moins de 10 minutes et il comprend des normes relatives aux enfants des deux sexes âgés de 3 à 17 ans (Goyette, Conners et Ulrich, 1978). Il n'a toutefois pas été aussi bien validé que la version originale. Pères et mères ont tendance à donner les mêmes réponses, ce qui, comme prévu, n'est pas le cas pour les réponses des parents en comparaison avec celles des enseignants. Les différents items cotés permettent d'évaluer cinq aspects du comportement : les problèmes de conduite, les difficultés d'apprentissage, la somatisation, l'hyperactivité et l'impulsivité ainsi que l'anxiété. Le questionnaire permet de mesurer les changements de comportement occasionnés par les stimulants (Barkley, Fischer, Newby et Breen, 1985), par les programmes d'encadrement destinés aux parents (Pollard, Ward et Barkley, 1983) et par les programmes de maîtrise de soi suivis par les enfants hyperactifs (Horn, Ialongo, Popovich et Peradotto, 1984).

Le questionnaire de Conners pour les parents — formule abrégée
(voir Annexe A)

Ce questionnaire de 10 items porte sur les comportements que mentionnent le plus souvent les parents des enfants hyperactifs. On en a fait une échelle d'hyperactivité qui, pense-t-on, quantifie le problème principal des enfants hyperactifs et permet de vérifier les effets des stimulants. Il existe différentes versions de cette formule abrégée, mais celle qui est examinée dans l'article de Goyette et ses collaborateurs (1978) serait la plus valide. Le degré de concordance entre les différents répondants est satisfaisant. Tout comme les autres questionnaires de Conners, celui-ci produit chez les répondants qui le remplissent plus d'une fois un effet d'apprentissage, c'est-à-dire que leur cote a tendance à diminuer entre la première et la deuxième administration du questionnaire. On suggère donc, particulièrement aux chercheurs qui s'intéressent à l'intervention, de faire remplir le questionnaire au moins deux fois avant d'entreprendre leurs recherches.

La version abrégée du questionnaire de Conners est beaucoup utilisée pour déceler des enfants hyperactifs. Il faut toutefois se rappeler que ce questionnaire reconnaît en fait des problèmes mixtes, c'est-à-dire de conduite et d'hyperactivité. Aucun des questionnaires de Conners ne permet de distinguer les enfants qui réagiront bien à la médication (Barkley, 1976). Il n'existe pas de corrélation significative entre les résultats au questionnaire et la mesure de l'activité motrice enregistrée par actomètre en situation de jeu (Barkley et Cunningham, 1980). Par contre, le portrait de l'enfant tel qu'il est tracé par les réponses des parents au questionnaire s'apparente beaucoup à celui obtenu à l'observation de ce même enfant en situation de jeu lors d'interactions avec sa mère. Cette dernière constatation semble confirmer que le questionnaire évalue non seulement le facteur hyperactivité mais aussi les problèmes de comportement et les relations conflictuelles.

Le système ANSER (Aggregate Neurobehavioral Student Health and Educational Review) — questionnaire pour les parents (Levine, 1980)

Ce questionnaire a d'abord été conçu pour recueillir des données générales dans les domaines suivants : le problème de l'enfant, l'histoire familiale, les antécédents (grossesse et période néonatale), l'histoire médicale de l'enfant, son développement et son comportement depuis sa naissance, ses habiletés et ses intérêts. Le questionnaire peut servir de préalable à une entrevue avec les parents, au cours de laquelle on reviendra sur les points les plus saillants. On y a incorporé une échelle de comportement qui évalue différents facteurs : dépendance (11 items), somatisation (14 items), agressivité (12 items), comportements de retrait (13 items), hyperactivité et attention (21 items). On y trouve aussi un inventaire de 25 items relatifs aux forces de l'enfant. Cet instrument a été validé auprès d'une population d'enfants normaux de classe moyenne. Des différences significatives ont été notées entre ce groupe et des enfants qui présentaient des problèmes d'apprentissage scolaire de diverses natures.

L'inventaire des comportements de l'enfant (Child Behavior Checklist) (Achenbach et Edelbrock, 1983)

Ce questionnaire comprend 138 items dont 20 évaluent les comportements sociaux (activités et intérêts de l'enfant, socialisation, rendement scolaire) et 118 évaluent les comportements problématiques (retrait, dépression, immaturité, somatisation, problèmes reliés à la sexualité, agressivité, délinquance, hyperactivité, comportement schizoïde ou obsessif-compulsif et problème de communication). Le questionnaire est rempli en 15 à 20 minutes et demande une capacité de lecture équivalant à celle d'un élève de huitième année. L'analyse des items permet de dégager un certain nombre de profils dont les normes varient en fonction de l'âge (4-5 ans, 6-11 ans, 12-16 ans) et du sexe. La fidélité et la validité de ce questionnaire, qui est en voie de devenir un des instruments de recherche les plus utilisés, sont excellentes. Son principal avantage est de couvrir un spectre plus large de comportements problématiques (Costello et Edelbrock, 1985).

b) Les questionnaires des enseignants

Le questionnaire de Conners pour les enseignants — version revue (voir Annexe B)

Ce questionnaire comprend 28 items. Il ne diffère de la formule originale que dans le libellé des affirmations. Tout comme la version revue du questionnaire des parents, celle-ci n'est pas aussi bien validée que la formule originale. Ce questionnaire peut servir pour une identification rapide des problèmes de conduite et d'hyperactivité. Inefficace pour mettre en lumière des symptômes reliés à des comportements intériorisés, névrotiques, dépressifs ou anxieux, il s'avère cependant très utile pour évaluer les effets d'un traitement comme les stimulants (Conners, 1969, 1973).

Le questionnaire de Conners pour les enseignants — formule abrégée (voir Annexe B)

Identique à celui qui est administré aux parents, ce questionnaire présente les mêmes caractéristiques. Mentionnons que la validité à l'occasion d'un test-retest est excellente. L'instrument est assez précis pour évaluer les changements de comportement reliés à l'usage de stimulants (Sprague et Sleator, 1977) et à l'instauration de programmes de ré-éducation cognitive et d'apprentissage de la maîtrise de soi (Kendall et Wilcox, 1980).

Le système ANSER (Aggregate Neurobehavioral Student Health and Educational Review) — questionnaire pour les enseignants (Levine, 1980)

Ce questionnaire permet de recueillir des informations sur la nature des problèmes scolaires de l'enfant et sur les mesures qui ont été prises pour les solutionner. Il donne également un aperçu des résultats de l'enfant dans les différentes disciplines. Deux échelles d'évaluation, l'une de 20 items mesurant le niveau d'activité et l'attention et l'autre de 25 items mesurant les autres facteurs de comportement, complètent ce questionnaire. Tout comme la version destinée aux parents, cet instrument est un moyen économique de réunir une grande quantité de données sur le comportement général de l'enfant en milieu scolaire.

L'inventaire des comportements de l'enfant du point de vue de l'enseignant (Child Behavior Checklist — Teacher Report Form) (Achenbach et Edelbrock, 1983)

La structure de ce questionnaire de 126 items s'apparente beaucoup à celle de la version destinée aux parents. Le profil social de l'enfant est remplacé par un profil d'adaptation relié aux méthodes de travail de l'enfant, à sa réussite scolaire, à ses relations avec l'enseignant et à sa satisfaction générale. On a noté des corrélations significatives entre le profil d'adaptation et les observations faites en classe. L'échelle d'attention permet de faire une distinction entre les enfants qui sont examinés pour un déficit d'attention, ceux qui sont amenés en consultation pour un autre type de problème et ceux qui présentent de l'hyperactivité (Edelbrock, Costello et Kessier, 1984; Kazdin et al., 1983). Les enfants ayant des troubles d'apprentissage montreraient un profil particulier se manifestant par des différences significatives dans quatre des huit échelles (Harris et al., 1984).

La grille d'observation et d'analyse des comportements personnels et sociaux de l'élève — bilan fonctionnel (Bourassa et Morin-Grenier, 1982) (voir Annexe C)

Cette grille d'observation a été mise au point pour décrire de façon détaillée l'agir d'un élève (M.E.Q., 1982). La liste des comportements comprend 112 énoncés entrecoupés de 25 phrases qui indiquent le contexte dans lequel peuvent apparaître les comportements. À chaque énoncé, l'utilisateur doit évaluer la fréquence d'apparition du comportement. Les énoncés sont ensuite regroupés en fonction de sept traits cognitifs ou psychologiques : la sélection de l'information (attention-concentration), la rétention de l'information (mémoire), la planification et la méthode de travail, l'affirmation de soi, la maîtrise de soi, la relaxation et la détente ainsi que l'intégration sociale. L'analyse permet ensuite de déterminer les comportements qui sont à acquérir, ceux qui sont convenables et ceux dont la fréquence doit être diminuée. Cet instrument ne s'applique pas exclusivement au déficit d'attention ou à l'hyperactivité, mais il en inclut les manifestations dans une perspective beaucoup plus globale, qui devrait guider l'enseignant dans ses interventions en classe.

Que penser, en définitive, des questionnaires ? Ceux qui, comme le système ANSER, combinent à la fois la collecte des données factuelles sur l'ensemble du problème de l'enfant et les échelles de comportement sont très utiles pour une évaluation clinique. Les questionnaires de Conners, pour leur part, ont été mis au point surtout pour évaluer les effets d'un traitement spécifique. Ils ont fini par servir à d'autres fins comme le dépistage des enfants hyperactifs, ce qui pose des problèmes sur le plan de la validité. Les instruments d'évaluation du comportement les plus spécialisés (Achenbach et Edelbrock, 1983) sont avantageux surtout pour les chercheurs. Malgré toutes leurs limites, les questionnaires ont cependant leur place dans une démarche diagnostique et thérapeutique. De par leur caractère systématique, ils limitent en partie le facteur de subjectivité et les fausses impressions. Outre ceux dont nous venons de faire mention, il en existe plusieurs autres. Certains de ceux-là sont destinés aux enfants qui ont atteint l'âge et la maturité pour y répondre. Pour de plus amples renseignements sur les différents questionnaires, on pourra se reporter à l'ouvrage de Barkley (1988).

4.2.3 Les techniques d'observation

Les données recueillies lors de l'entrevue clinique ou au moyen des questionnaires sont basées sur l'observation plus ou moins prolongée des parents ou des enseignants. Bien que fort utiles, elles peuvent refléter la perception de l'observateur plutôt que la réalité. L'observation directe du comportement de l'enfant par une personne neutre pourrait pallier cet inconvénient. Déjà, le psychologue scolaire ou l'orthopédagogue est souvent appelé à aller étudier le comportement d'un enfant dans sa classe.

Il existe différentes techniques d'observation. L'une consiste à mandater les parents ou l'enseignant pour observer l'enfant pendant un certain temps, selon divers paramètres. Les questionnaires ont un peu la même fonction, mais ils sont surtout conçus pour cerner une situation problématique. Ils sont en outre très efficaces quand il s'agit d'évaluer le résultat d'une intervention. Mais divers facteurs peuvent en fausser les résultats. Pour évaluer le comportement de l'enfant dans un temps limité, on a recours à des personnes neutres (par ex. : psychologue, orthopédagogue, etc.), avec le risque toutefois que le comportement qu'ils vont observer ne soit pas représentatif de l'ensemble du problème. Au moment de l'observation, l'enfant peut faire une activité ou se trouver dans un contexte qui ne permettent pas la manifestation de ses difficultés (Loney, 1980). On peut contourner cet obstacle en faisant coïncider la séance d'observation avec des activités qui sont problématiques pour l'enfant. Certains auteurs ont mis au point des grilles d'observation systématique (Abikoff et al., 1980), qui permettent de faire la distinction entre l'hyperactivité et les troubles de la conduite. La maîtrise de toutes leurs composantes exigeant une longue initiation, ces grilles ne sont cependant pas très pratiques.

L'interprétation des données issues de l'observation doit être rigoureuse pour éviter d'attribuer trop d'importance à des difficultés qui ne sont pas reliées directement au problème de base. En général, les enfants hyperactifs et inattentifs ont un comportement changeant, facilement soumis aux influences extérieures. En tant que technique diagnostique, l'observation nous éclaire sur une partie seulement de la problématique. Elle ne nous indique pas la cause des difficultés ni ne nous informe sur la dynamique relationnelle enfant-enseignant ou enfant-parent à moins que l'observation ne soit centrée sur ces phénomènes. En revanche, l'observation fournit des informations précises sur la fréquence, l'intensité, la durée et la nature des comportements problématiques.

4.2.4 *Les mesures psychobiologiques*

Les mesures psychobiologiques sont utilisées principalement en recherche pour tenter de découvrir un marqueur biologique indicatif et spécifique de l'hyperactivité et du déficit d'attention. Elles sont d'un usage plus limité dans la pratique clinique active mais pourraient peut-être servir à des fins diagnostiques si les recherches en cours arrivaient à confirmer leurs hypothèses.

a) Les mesures électrophysiologiques

L'électro-encéphalogramme

On trouve plus d'anomalies électro-encéphalographiques que la normale chez les enfants qui présentent un déficit d'attention, des troubles d'apprentissage et des troubles de la conduite. Mais les anomalies observées ne nous permettent pas d'établir une distinction très nette entre ces trois entités. Elles se caractérisent en général par une activité lente, une organisation imparfaite du rythme de fond et l'apparition d'une activité paroxystique (Ferguson et Bawden, 1988). La spécificité des anomalies n'est pas très marquée en regard des caractéristiques comportementales. Des techniques d'enregistrement électro-encéphalographiques plus poussées sont actuellement à l'étude. Elles apporteraient peut-être un éclairage nouveau (Dykman *et al.*, 1982) sur la question. Pour l'instant, il n'y a pas lieu de procéder à un électro-encéphalogramme chez tous les enfants hyperactifs à moins que les résultats de l'examen neurologique n'indiquent la possibilité d'une encéphalopathie frustre ou d'une comitialité.

L'enregistrement du rythme cardiaque et les mesures électrodermiques (conductance cutanée)

Ces mesures sont utilisées surtout dans le cadre de la recherche. Les conclusions que l'on a pu tirer jusqu'ici sont contradictoires et ne nous incitent pas à recourir à ces tests de façon régulière (Ferguson et Bawden, 1988).

L'enregistrement des potentiels évoqués (P.E.)

Cette technique permet d'étudier l'activité cérébrale en présence de stimuli auditifs, visuels ou somesthésiques. Une des composantes des P.E. (P3b) dans les modalités visuelles et auditives serait anormale chez les enfants qui présentent un problème de dyslexie et de déficit d'attention (Courchesne et Yeung-Courchesne, 1988). Il faudra encore d'autres études avant d'en arriver à des conclusions qui pourraient être d'une quelconque utilité en clinique.

b) Les mesures biochimiques

Les résultats des études sur les neurotransmetteurs ont été discutés au chapitre 2 (voir La recherche étiologique) et ne seront pas repris ici. Rappelons seulement que les conclusions actuelles dans ce domaine incitent à poursuivre les recherches dans cette voie.

c) Les indicateurs physiques

Les signes neurologiques mineurs

Ces signes sont détectés à l'occasion d'un examen neurologique. Ils ne sont pas représentatifs d'une maladie neurologique affirmée et ils ont tendance à se modifier avec l'âge (Denckla, 1985). Parmi les signes que l'on cite le plus souvent, on trouve ceux-ci :

☐ maladresse dans l'exécution de tâches requérant une bonne coordination fine;

☐ mouvements choréiformes (incoordonnés);

☐ légère dysphasie expressive;

☐ mouvements associés (syncinésies);

☐ agnosie digitale (méconnaissance de la position des doigts sans support visuel);

☐ dysdiadococinésie (incapacité de reproduire des mouvements alternés);

☐ dysharmonie de la poursuite oculaire;

☐ tremblements légers (surtout à l'exécution de certaines tâches);

☐ problème de graphesthésie (difficulté de reconnaître les symboles graphiques sans support visuel);

☐ latéralité mal intégrée;

☐ démarche maladroite.

Les signes neurologiques mineurs se retrouvent plus fréquemment chez les enfants hyperactifs, mais ils sont aussi observés dans d'autres problèmes de comportement. Ils doivent être considérés comme des indicateurs d'une étiologie non spécifique (Shaffer *et al.*, 1983). Leur haute fréquence dans la population normale rend improbable leur utilisation comme outil de dépistage.

Les anomalies physiques mineures

Ces anomalies ont été mentionnées dans les premières descriptions d'enfants hyperactifs. Ainsi, on peut observer des anomalies de la boîte crânienne, un épicanthus ou un hyperptélorisme, une mauvaise implantation ou une malformation des oreilles, un palais ogival, une clinodactylie, etc. (Waldrop *et al.*, 1968; Rapoport et Quinn, 1975). Bien qu'elles soient plus fréquentes chez les enfants hyperactifs, ces anomalies ne sont pas spécifiques. Elles peuvent servir au diagnostic quand elles sont jumelées aux facteurs biologiques et psychosociaux.

d) Les mesures cognitives

On se sert de différents tests pour mesurer l'attention, l'impulsivité ou les autres composantes cognitives du problème. La capacité de garder une attention soutenue est mesurée par le *Continuous Performance Test* (CPT), épreuve de reconnaissance des séries. Un grand nombre de recherches confirment que les enfants hyperactifs commettent plus d'omissions et de vraies erreurs (Douglas, 1983). De plus, ce test serait capable de mesurer l'effet des stimulants (Sykes *et al.*, 1972). Jumelé aux questionnaires de comportement et aux données de l'histoire, le CPT devient utile pour distinguer le déficit d'attention avec hyperactivité des troubles de la conduite.

Le *Choicie Reaction Time* (CRT) mesure principalement l'impulsivité tout comme le *Matching Familiar Figures Test* (MFFT) (Kagan, 1966). Un certain nombre d'études ont montré que les enfants hyperactifs avaient tendance à répondre plus rapidement et à faire davantage d'erreurs au MFFT (Campbell *et al.*, 1971). Toutefois, lorsque ces enfants sont comparés à des enfants asthmatiques ou présentant d'autres types de problème de comportement, les différences ne sont plus significatives (Firestone et Martin, 1979). Ces données mettent en doute la validité de l'impulsivité comme facteur distinct. Il existe d'autres tests du genre de ceux que nous venons de mentionner. Ils servent principalement à des fins de recherche et ne sont pas d'usage courant dans la pratique clinique.

e) Les enregistrements mécaniques

Comme les enfants hyperactifs font preuve d'une agitation manifeste, plusieurs chercheurs ont essayé de la mesurer au moyen d'appareils tels que l'actomètre, le stabilimètre ou les cellules photoélectriques. Chacun de ces appareils mesure une composante différente du mouvement. Les résultats obtenus ne démontrent pas de façon concluante que la qualité et la quantité des mouvements observés chez les enfants hyperactifs sont différentes de celles que l'on observe généralement. Certaines techniques d'enregistrement prolongé pourraient toutefois donner des résultats différents (Porrino *et al.*, 1983). Pour l'instant, toutes ces méthodes d'enregistrement sont surtout utiles dans un contexte de recherche.

4.3 LES EXAMENS PSYCHOLOGIQUE, ORTHOPÉDAGOGIQUE ET MÉDICAL

Psychologues, orthopédagogues et médecins sont les professionnels auxquels on s'adresse le plus souvent pour procéder à l'évaluation des enfants qui ont un problème d'hyperactivité et un déficit d'attention. D'autres spécialistes sont parfois appelés à jouer un rôle suivant les circonstances. Selon sa compétence, chacun apporte un éclairage différent au problème. Si les intervenants observent à peu près les mêmes attitudes chez l'enfant quand il est placé en situation d'évaluation, ils n'en donneront pas toujours la même interprétation en raison de leurs schèmes de référence. Cela peut parfois nuire à la communication entre eux et rendre le consensus plus compliqué.

Les tests psychométriques utilisés couramment en clinique ne permettent pas de tracer un profil bien déterminé de l'enfant hyperactif. À l'échelle de Wechscler (Wisc-R, 1974), on retrouve bien un quotient verbal un peu plus bas ou des cotes inférieures à certains sous-tests (information, compréhension, arithmétique, mémorisation des chiffres, code). Mais on ne pourrait utiliser ces données pour dépister les enfants qui auront un déficit d'attention et un problème d'hyperactivité. L'étude du rendement intellectuel aide certainement à délimiter la part qui revient aux capacités cognitives dans les troubles que présente l'enfant. Un échec à une épreuve comme la répétition des chiffres peut en effet être dû soit à des difficultés intrinsèques d'organisation séquentielle, soit à un manque d'attention aux consignes données ou aux deux à la fois. L'évaluation de la personnalité de l'enfant au moyen d'entrevues cliniques ou de tests projectifs s'avère également utile pour jauger les facteurs affectifs qui contribuent à ses difficultés. Grâce au bilan neuropsychologique, un diagnostic plus précis peut être posé et un profil plus exact de l'enfant peut être tracé. Quels que soient les tests qu'on utilise, il faut pouvoir discerner tout au cours de l'évaluation les éléments qui serviront à orienter les interventions.

L'évaluation orthopédagogique, pour sa part, sert à dresser un bilan des acquis scolaires de l'enfant, de ses difficultés d'apprentissage, de ses stratégies compensatoires et des activités sur lesquelles il achoppe. Elle révèle son style d'apprentissage et ses capacités d'organisation. Elle permet également d'étudier ses réactions devant les difficultés et les mesures d'encadrement.

Il est évident que l'enfant connaîtra plus d'insuccès dans les tâches qui requièrent une bonne capacité d'attention et de concentration. Il peut rencontrer des difficultés dans les exercices de repérage et de sélection surtout quand les exercices sont complexes. Mais il est impossible de déceler un style cognitif typique et constant chez les enfants hyperactifs et déficitaires de l'attention. C'est en les observant que l'on obtient des indices qui permettront de planifier des stratégies de rééducation.

L'examen médical de base est essentiel pour détecter les problèmes de santé qui affectent l'enfant. Une surdité partielle, des problèmes de vision, un retard de croissance, la présence d'une maladie chronique sont autant d'éléments qui vont influencer l'expression des difficultés comportementales. Mais le seul examen médical ne permet pas de poser le diagnostic d'hyperactivité, car la plupart des enfants hyperactifs ne manifesteront pas d'agitation lors de la visite médicale. Ils se montrent en général plus calmes dans les situations nouvelles.

L'examen neurologique standard fournit des indications sur la maturité neurologique de l'enfant. Il n'existe toutefois pas de signes neurologiques pathognomoniques de la condition d'hyperactivité. Les évaluations neurodéveloppementales qui s'inspirent de la neurologie et de la neuropsychologie dressent pour leur part un bilan des forces et des faiblesses de l'enfant du point de vue instrumental en testant la motricité fine, la visuo-motricité, l'intégration visuelle, l'organisation séquentielle, l'expression et la compréhension verbales et la motricité globale (Levine, 1983).

Tout spécialiste appelé à évaluer un enfant qui a des difficultés de comportement doit d'abord et avant tout essayer de bien préciser les besoins de cet enfant sans essayer de l'inclure dans un cadre conceptuel rigide. Tous les tests utilisés sont certes très utiles, mais ils servent surtout à mettre en lumière de façon méthodique les difficultés aussi bien que les capacités de l'enfant tout en apportant de la cohérence aux données et informations recueillies, qui sont souvent disparates. Mais un processus complet d'évaluation demande du temps de même que des ressources, lesquelles ne sont pas toujours disponibles. Une bonne observation de l'enfant dans ses activités quotidiennes apporte souvent à elle seule toutes les informations nécessaires.

BIBLIOGRAPHIE

ABIKOFF, H., GITTELMAN, R. et KLEIN, D. (1980), « Classroom observation code for hyperactive children : A replication of validity », in *Journal of Consulting and Clinical Psychology*, vol. 48, p. 555-565.

ACHENBACH, T.M. et EDELBROCK, C.S. (1983), *Manual for the Child Behavior Checklist and Revised Child Behavior Profile*, Burlington, Vt., Thomas A. Achenbach.

BARKLEY, R.A. (1976), « Predicting the response of hyperactive children to stimulant drugs : A review », in *Journal of the Abnormal Child Psychology*, vol. 4, p. 327-348.

BARKLEY, R.A. et CUNNINGHAM, C.E. (1980), « The parent-child interactions of hyperactive children and their modification by stimulant drugs », in Knights, R. et Bakker, D. (dir.), *Treatment of hyperactive and learning disabled children*, Baltimore, University Park Press, p. 219-236.

BARKLEY, R.A., FISCHER, M., NEWBY, R. et BREEN, M. (1985), « A multi-method clinical protocol for assessing stimulant drug responding in ADD children », Paper presented at the meeting of The American Psychological Association, Los Angeles (cité dans Barkley, 1988).

BARKLEY, R.A. (1988), « Child Behavior Rating Scales and Checklists », in Rutter, M., Tuma, H.A. et Lann, I.S. (dir.), *Assessment and Diagnosis in Child Psychopathology*, New York, Guilford, p. 113-155.

BOURASSA, M. et MORIN-GRENIER, M. (1982), *Grille d'observation et d'analyse des comportements personnels et sociaux de l'élève. Formule d'aide à l'élève qui rencontre des difficultés. Bilan fonctionnel et plan d'action*, Québec, Direction générale du développement pédagogique, document n° 16-7516-11a, 1re partie, p. 3-5.

CAMPBELL, S.B., DOUGLAS, V.I. et MORGENSTERN, G. (1971), « Cognitive styles in hyperactive children and the effect of methylphenidate », in *Journal of Child Psychology and Psychiatry*, vol. 12, p. 55-67.

CONNERS, C.K. (1969), « A teacher rating scale for use in drug studies with children », in *American Journal of Psychiatry*, vol. 126, p. 884-888.

CONNERS, C.K. (1970), « Symptom patterns in hyperkinetic, neurotic and normal children », in *Child Development*, vol. 41, p. 667-682.

CONNERS, C.K. (1973), « Rating scales for use in drug studies with children », in *Psychopharmacology Bulletin : Special Issue, Pharmacotherapy with Children*, p. 24-84.

COSTELLO, E.J. et EDELBROCK, C.S. (1985), « Detection of psychiatric disorders in pediatric primary care : A preliminary report, in *Journal of the American Academy of Child Psychiatry*, vol. 24, p. 771-774.

COURCHESNE, E. et YEUNG-COURCHESNE, R. (1988), « Event-related brain potentials », in Rutter, M., Tuma, H.A. et Lann, I.S. (dir.), *Assessment and Diagnosis in Child Psychopathology*, New York, Guilford, p. 264-299.

DENCKLA, M.B. (1985), « Revised neurological examination for subtle signs », in *Psychopharmacology Bulletin*, vol. 21, p. 773-789.

DOUGLAS, V.I. (1983), « Attentional and cognitive problems », in Rutter, M. (dir.), *Developmental Neuropsychiatry*, New York, Guilford Press, p. 280-329.

DYKMAN, R.A., HOLCOMB, P.J., OGLESBY, D.M. et ACKERMAN, P.T. (1982), « Electrocortical frequencies in hyperactive learning disabled, mixed and normal children », in *Biological Psychiatry*, vol. 17, p. 675-685.

EDELBROCK, C. (1988), « Structured psychiatric interviews for children », *in* Rutter, M., Tuma, H.A. et Lann, I.S. (dir.), *Assessment and Diagnosis in Child Psychopathology*, New York, Guilford, p. 113-155.

EDELBROCK, C., COSTELLO, E.J. et KESSLER, M.D. (1984), « Empirical corroboration of attention deficit disorder », *in Journal of the American Academy of Child Psychiatry*, vol. 24, p. 285-290.

FERGUSON, H.B. et BAWDEN, H.N. (1988), « Psychobiological measures », *in* Rutter, M., Tuma, H.A. et Lann, I.S. (dir.), *Assessment and Diagnosis in Child Psychopathology*, New York, Guilford, p. 232-263.

FIRESTONE, P. et MARTIN, J. (1979), « An analysis of the hyperactive syndrome : A comparison of hyperactive, behavior problem, asthmatic and normal children », *in Journal of Abnormal Child Psychology*, vol. 1, p. 261-274.

GARBARINO, J. et ASP, C.E. (1981), *Successful Schools and Competent Students*, Lexington, Mass., Lexington Books.

GOYETTE, C.H., CONNERS, C.K. et ULRICH, R.F. (1978), « Normative data on revised Conners parent and teacher rating scales », *in Journal of Abnormal Child Psychology*, vol. 6, p. 221-236.

HARRIS, J.C., KING, S.L., REIFLER, J.P. et ROSENBERG, L.A. (1984), « Emotional and learning disorders in 6-12 year-old boys attending special schools », *in Journal of the American Academy of Child Psychiatry*, vol. 23, p. 431-437.

HORN, W.F., IALONGO, N., POPOVICH, S. et PERADOTTO, D. (1984), « An evaluation of a multi-method treatment approach with hyperactive children », Paper presented at the 92nd Convention of the American Psychological Association, Toronto (cité dans Barkley, 1988).

KAGAN, J. (1966), « Reflection-impulsivity : The generality and dynamics of conceptual tempo », *in Journal of Abnormal Psychology*, vol. 7, p. 17-24.

KAZDIN, A.E., ESVELDT-DAWSON et LOAR, L.L. (1983), « Correspondence of teacher ratings and direct observations of classroom behavior of psychiatric inpatient children », *in Journal of Abnormal Child Psychology*, vol. 11, p. 549-564.

KENDALL, P.C. et WILCOX, L.E. (1980), « Self-control in children : Development of a rating scale », *in Journal of Consulting and Clinical Psychology*, vol. 57, p. 1020-1029.

LEVINE, M.D. (1980), *The Anser System*, Cambridge, Mass., Educators Publishing Service.

LEVINE, M.D. (1983), *The Pediatric Early Elementary Examination (PEEX)*, Cambridge, Mass., Educators Publishing Service.

LONEY, J. (1980), « Child hyperactivity », *in* Woody, R.H. (dir.), *Encyclopedia of Clinical Assessment*, vol. 1, San Francisco, Jossey-Bass, p. 265-285.

POLLARD, S., WARD, E.M. et BARKLEY, R.A. (1983), « The effects of parent training and Ritalin on the parent-child interactions of hyperactive boys », *in Child and Family Therapy*, vol. 5, p. 51-69.

PORRINO, L.J., RAPOPORT, J.L., BEHAR, D., SCEERY, W., ISMOND, D.R. et BUNNEY, W.E. (1983), « A naturalistic assessment of the motor activity of hyperactive boys. I. Comparison with normal controls », *in Archives of General Psychiatry*, vol. 40, p. 681-687.

RAPOPORT, J.L. et QUINN, P.O. (1975), « Minor physical anomalies (stigmata) and early developmental deviation : A major biologic subgroup of "hyperactive children" », *in International Journal of Mental Health*, vol. 4, p. 29-44.

RUTTER, M. (1983), « School effects on pupil progress : Research findings and policy implications », *in Child Development*, vol. 54, p. 1-29.

SHAFFER, D., O'CONNOR, P.A., SHAFER, S.Q. et PRUPIS, S. (1983), « Neurological "soft signs" : Their origins and significance for behavior », *in* Rutter, M., *Developmental Neuropsychiatry*, New York, Guilford Press, p. 144-163.

SPRAGUE, R.L. et SLEATOR, E.K. (1977), « Methylphenidate in hyperkinetic children : Differences in dose effects on learning and social behavior », *in Science*, vol. 198, p. 1274-1276.

SYKES, D.H., DOUGLAS, V.I. et MORGENSTERN, G. (1972), « The effect of methylphenidate (Ritalin) on sustained attention in hyperactive children », *in Psychopharmacologia*, vol. 25, p. 265-274.

WALDROP, M.D., PEDERSEN, F.A. et BELL, R.Q. (1968), « Minor physical anomalies and behavior in preschool children », *in Child Development*, vol. 39, p. 391-400.

WECHSCLER, D. (1974), *Wechscler Intelligence Scale for Children-Revised*, New York, Psychological Corporation.

5

La réponse aux besoins

*E*st-il possible d'intervenir auprès des enfants hyperactifs et ayant une attention déficiente, compte tenu des problèmes soulevés dans la première partie de cet ouvrage ? Rappelons les principaux obstacles à surmonter. Tout d'abord le comportement humain, en soi, est tellement complexe qu'il échappe à toute simplification théorique. Il n'est donc pas possible de réunir les nombreuses manifestations de l'hyperactivité sous une même entité valide, à partir de laquelle une ligne de conduite uniforme pourrait être tracée. Par ailleurs, l'absence de marqueur biologique, l'impossibilité de découvrir une étiologie précise et la multiplicité des variables en cause ne sont pas de nature à éclairer la démarche thérapeutique. Force est donc d'explorer différentes pistes. Les caractéristiques mêmes de la problématique, son caractère diffus, la variabilité de son évolution, de même que sa chronicité, exigent une compréhension dynamique et un réajustement fréquent des mesures d'intervention. Celles-ci doivent également être adaptées aux besoins individuels, au contexte — scolaire ou familial —, aux particularités de la situation et aux différentes personnes concernées. Enfin, l'établissement de priorités d'intervention est subordonné à la façon dont est perçue l'hyperactivité sur le plan individuel et social. Toutes ces embûches ne doivent cependant pas faire oublier la réalité du problème et la nécessité d'intervenir pour rétablir l'équilibre qu'il vient rompre.

Si, malgré les difficultés, il est nécessaire d'agir, comment faut-il le faire ? La tendance nord-américaine à prendre l'hyperactivité et le déficit de l'attention pour un syndrome distinct a beaucoup influé sur le mode d'intervention, longtemps basé avant tout sur le traitement des symptômes primaires. Les résultats obtenus dans le cadre de cette approche sont plutôt limités : on ne peut appliquer la même méthode à tous les enfants hyperactifs sans risquer de passer à côté des vrais besoins.

Si importants soient-ils pour clarifier les idées, les nombreux débats sur les causes ou les critères de diagnostic et de classification nuisent bien souvent à la prise de mesures appropriées. Un modèle d'interprétation n'est pas forcément un modèle d'intervention. Ce n'est pas parce que des facteurs organiques interviennent dans le cas d'un enfant qu'il faut se limiter à un traitement médical.

Tout en s'appuyant sur l'état actuel des connaissances, les intervenants auraient intérêt à ne pas se soumettre entièrement à des modèles théoriques et devraient faire appel à leur discernement. Les nombreuses recherches sur l'hyperactivité rappellent de façon constante la nécessité d'adopter une démarche rigoureuse mais assez souple pour s'ajuster aux besoins de l'enfant, de sa famille et du milieu scolaire.

5.1 LES PRINCIPES DIRECTEURS DE L'INTERVENTION

L'intervention auprès des enfants hyperactifs demande de la rigueur, de la cohérence et de la souplesse. Certains principes de base en faciliteront le déroulement.

5.1.1 Intervenir auprès de l'enfant hyperactif plutôt que de traiter l'hyperactivité de l'enfant

Les difficultés de l'enfant hyperactif s'expriment dans un contexte d'interactions multiples. Aussi n'est-il pas suffisant de s'attaquer aux symptômes qui dérangent. On peut, par exemple, atténuer l'hyperactivité de l'enfant au moyen de stimulants ou d'une thérapie comportementale. Mais on ne modifiera pas pour autant la perception négative dont l'enfant fait l'objet dans son milieu ou la piètre estime qu'il a de lui-même. Le succès d'une méthode spécifique n'exclut pas d'autres formes d'intervention commandées par des facteurs défavorables ou favorables. Les besoins de l'enfant et de son milieu ne dépendent pas seulement des symptômes primaires.

5.1.2 Intervenir dans une perspective globale et développementale

Une analyse globale du problème, qui tient compte des besoins de l'enfant, de la famille et du milieu scolaire, semble porter fruit davantage. Des travaux comme ceux de Satterfield et ses collaborateurs (1981) montrent qu'une intervention sur plusieurs plans à la fois réoriente favorablement l'évolution de l'enfant hyperactif. De plus, les études qui se sont penchées sur le devenir à long terme des enfants hyperactifs indiquent que, en plus du traitement des symptômes, certains éléments améliorent le pronostic de l'enfant (Weiss et Hechtman, 1986). Par exemple, on remarque que la qualité des relations interpersonnelles, la chaleur du climat familial ou la valeur du milieu scolaire accroissent de façon marquée l'efficacité des autres moyens mis en œuvre.

Les enfants hyperactifs et ayant un déficit d'attention sont aussi des êtres en développement. Les symptômes observés n'ont donc pas la même signification chez un enfant de 4 ans que chez un enfant de 10 ans. Les deux cas peuvent donner lieu à des interventions différentes et connaître une évolution tout à fait dissemblable. Le facteur temps joue ici un rôle important. La maturation de l'enfant suit son propre rythme et ne pourra être modifiée par aucune intervention. Il sera parfois difficile de juger si les progrès de l'enfant sont attribuables à l'efficacité d'une mesure d'intervention ou à une évolution naturelle favorable.

5.1.3 Favoriser l'autonomie et la responsabilité chez tous les acteurs

Toutes les personnes concernées, et plus particulièrement l'enfant, doivent pouvoir accroître leur autonomie en faisant face aux difficultés. L'intervenant n'a pour rôle que d'orienter et d'appuyer leur démarche en attendant qu'ils développent leurs propres mécanismes d'adaptation. Décider à la place de l'enfant au lieu de favoriser sa participation, ne pas tenir compte de l'expérience des parents ou des initiatives de l'enseignant sont des attitudes qui entraînent la démission des uns et des autres. Dire aux parents ou à l'enseignant que l'intervention d'un spécialiste est nécessaire, c'est leur dire que, par eux-mêmes, ils ne pourront trouver de réponses. L'intervenant doit permettre à tous d'utiliser leurs mécanismes naturels d'adaptation, souvent méconnus ou mal interprétés. Dans les situations plus difficiles, l'intervention pourra être plus directive mais là encore, l'objectif ultime sera la prise en charge du problème par les premiers intéressés.

5.1.4 Savoir reconnaître les limites de l'intervention

Il n'existe aucun traitement radical de l'hyperactivité même vue comme un trouble essentiellement neurologique. On doit donc se fixer des objectifs limités et respecter les capacités des personnes qui sont confrontées au problème. Certaines difficultés demanderont une intervention directe, précise et ponctuelle alors que d'autres nécessiteront l'implantation de mesures d'encadrement à long terme. L'évolution est difficile à prédire. Des facteurs de contamination peuvent surgir ou se réactiver pour faire dévier l'intervention de ses buts premiers. Ainsi, des événements psychosociaux, l'éclatement de la cellule familiale par exemple, pourraient reléguer au second plan le problème de l'hyperactivité et les interventions en cours.

L'urgence ou la nécessité d'intervenir n'est pas la même pour tous. L'enfant, les parents ou le milieu scolaire sont parfois réticents ou réfractaires à une remise en question de leurs attitudes. Une discordance entre le milieu familial et le milieu scolaire peut être marquée au point de saboter toute intervention. Certains besoins pourront avoir été oubliés en cours d'intervention ou celle-ci aura tout simplement été orientée dans la mauvaise direction pour aboutir à des résultats négatifs.

Ces limites sont inhérentes à toute intervention dans le domaine du comportement. Elles demandent de la part de l'intervenant vigilance, ouverture d'esprit, empathie et respect. Il est bon de se rappeler que la qualité des relations entre l'enfant et ceux et celles qui gravitent dans son entourage contribue grandement à l'amélioration de la situation.

5.2 LES OBJECTIFS ET LES PRINCIPAUX AXES D'INTERVENTION

Les objectifs poursuivis au cours de l'intervention ne touchent pas seulement le problème de l'hyperactivité; ils pourraient s'appliquer à d'autres types de troubles du comportement. Au nombre de quatre, ils balisent chaque étape de l'intervention :

❏ favoriser une meilleure adaptation de l'enfant par une harmonisation de son fonctionnement avec les exigences de la vie familiale et scolaire;

❏ améliorer la perception du problème et les attitudes à l'égard de l'enfant;

❏ assurer un soutien en fonction des besoins et prévenir la mésadaptation sociale;

❏ donner des moyens d'agir à l'enfant, aux parents et au milieu scolaire dans le cadre d'un partage des responsabilités.

Aucun de ces buts, en soi, n'est absolu, car il n'existe pas de solutions parfaites. Permettre une amélioration de la situation est le meilleur résultat à viser.

L'évaluation fournit les éléments nécessaires à l'établissement du portrait dynamique de l'enfant. Elle met en évidence ses propres facteurs de protection et de vulnérabilité et ceux de son entourage. Elle permet d'identifier les besoins de tous les partenaires (enfant, famille, école), besoins qui ne se concilient pas toujours mais qui, une fois en harmonie, peuvent orienter l'intervention dans la bonne voie.

La planification d'un programme d'intervention passe par plusieurs étapes : fixation d'objectifs réalistes; établissement d'un niveau d'intervention; adoption d'une démarche progressive; choix de stratégies adaptées à chaque situation; évaluation continue du processus. La complexité du comportement humain et la nature même de l'hyperactivité et du déficit d'attention compliquent singulièrement cette tâche. L'identification des difficultés n'indique pas comment il faut intervenir et ne commande pas une action unique. Malgré ces limites, une intervention cohérente est possible.

Le but ultime de toute intervention thérapeutique est d'amener l'enfant à avoir un comportement mieux adapté aux exigences de la vie quotidienne, tant à l'école qu'au sein du milieu familial, et de permettre à son environnement d'agir de la bonne manière avec lui et réciproquement. Dans les cas d'hyperactivité, il n'est pas question de s'attaquer à une cause en particulier. Pour être efficaces, les interventions doivent être menées sur plusieurs plans à la fois. Ne s'occuper que des symptômes qui dérangent est une solution partielle et provisoire. Il est indispensable de consolider l'intervention par un encadrement scolaire ou une assistance familiale. Certaines interventions impliquent une action directe auprès de l'enfant alors que d'autres se font par l'intermédiaire du milieu scolaire et de la famille. La création d'un véritable réseau d'aide, formel ou informel, permet d'améliorer le comportement de l'enfant et de soulager le malaise de l'entourage, qui se communique souvent à l'enfant. Sept axes d'intervention sont proposés (voir Figure 5.1) :

☐ la démystification du problème par la compréhension des difficultés de l'enfant;

☐ l'amélioration du comportement de l'enfant;

☐ l'harmonisation des relations parents-enfant;

☐ l'intervention auprès des parents;

☐ l'encadrement scolaire;

☐ l'harmonisation des rapports école-enfant;

☐ l'harmonisation des rapports parents-école.

Chacun de ces axes ne requiert pas le même investissement en temps ni les mêmes ressources. L'intervention auprès de l'enfant, par exemple, demande de varier les stratégies selon la tournure des événements. Il arrive que les problèmes de l'enfant soient supplantés par l'éclatement d'une crise familiale ou par un rejet massif de l'enfant par le milieu scolaire, deux bouleversements majeurs dont il faudra s'occuper en tout premier lieu. Comme l'intervention s'échelonne en général sur une longue période, elle est marquée de phases d'équilibre et de phases d'instabilité. Il est important de pouvoir évaluer les progrès accomplis indépendamment de ces variations ponctuelles. Une attitude souple aidera l'intervenant à faire face à toutes les éventualités.

FIGURE 5.1
Les axes d'intervention

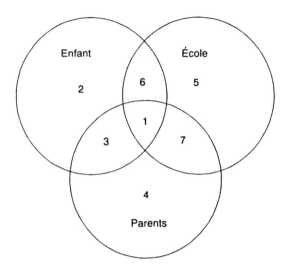

1. La démystification du problème
2. L'amélioration du comportement de l'enfant
3. L'harmonisation des relations parents-enfant
4. L'intervention auprès des parents
5. L'encadrement scolaire
6. L'harmonisation des rapports école-enfant
7. L'harmonisation des rapports parents-école

5.3 LA DÉMYSTIFICATION DU PROBLÈME

Cette première étape demande la participation de l'enfant, des parents et du milieu scolaire. Elle suppose une mise en commun des informations recueillies lors de l'évaluation et un échange sur la perception et l'interprétation des difficultés. Elle a pour but de diminuer le désagrément provoqué par l'incompréhension des comportements de l'enfant, de corriger les perceptions erronées et de rallier les opinions afin de favoriser la participation concertée de tous les partenaires.

5.3.1 Pour l'enfant

Depuis son tout jeune âge, l'enfant éprouve des difficultés sans toujours les comprendre. Son comportement lui-même l'empêche bien souvent de saisir pourquoi l'entourage essaie de le corriger et de l'encadrer. Il se sent différent des autres et n'arrive pas à faire montre de ses capacités. Son entourage ne lui donne pas toujours voix au chapitre. Par ailleurs, il arrive que certaines de ses attitudes reliées à un manque d'autonomie soient encouragées. Pour toutes ces raisons, il importe d'explorer son vécu et ses difficultés en vérifiant sa compréhension du problème : causes, situations où il achoppe, facteurs favorisants, etc. Cette exploration se fera au moyen de l'entrevue, de l'évaluation et de diverses stratégies pédagogiques.

Les explications que l'on donnera à l'enfant devront être adaptées à son niveau de développement. Des exemples concrets, puisés dans la vie quotidienne, l'aideront à comprendre. L'enfant n'est pas toujours capable de faire la distinction entre ses propres problèmes et ceux de son entourage, à plus forte raison s'il a une mauvaise estime de lui-même ou s'il a intériorisé un sentiment d'échec. Même s'il est difficile d'entrer en contact avec lui à cause de son agitation ou de son inattention, il y a lieu tout de même de l'intégrer au processus pour favoriser sa participation. Certains enfants ne perçoivent pas leur problème comme étant le leur et adoptent une attitude de résistance passive ou d'inhibition intellectuelle en laissant l'environnement s'inquiéter à leur place. Dans ce cas, un réajustement des attitudes chez les adultes qui sont responsables de l'enfant (à la maison et à l'école) pourra amener celui-ci à modifier son comportement. D'autres enfants sont persuadés d'être atteints d'une quelconque maladie dont ils ne comprennent pas la nature. Ils interprètent leurs difficultés à travers leurs seuls échecs. Les enfants ont besoin de se faire dire à quoi tient leur différence par rapport aux autres enfants et quels sont les facteurs qui déterminent leur comportement. Il arrive aussi que le problème de l'enfant soit alimenté par l'intolérance des milieux où il vit, ce qui est source de confusion pour lui. Là encore, il est nécessaire de lui expliquer ce genre de situation. En tant que principal acteur, l'enfant mérite une attention particulière sans que son identité ne soit reconnue qu'au travers des seuls symptômes affichés.

5.3.2 Pour les parents

Les parents ont leur propre conception du problème de l'enfant. Leurs opinions sont à la fois teintées d'affectivité et façonnées par les échecs ou les succès qu'ils ont obtenus dans l'exercice de leur rôle parental.

Les informations qu'ils détiennent proviennent de multiples sources. Ils ont souvent reçu des avis contradictoires, venant augmenter la confusion créée par le caractère diffus du problème. Ils peuvent avoir essayé divers modes de traitement avec des résultats plus ou moins satisfaisants. La chronicité du problème leur fait souhaiter des réponses simples et définitives.

L'intervention auprès d'eux a aussi pour but de vérifier si leurs connaissances, leurs perceptions, leurs interprétations sont conformes à la réalité de l'enfant et si elles contribuent ou pas au développement d'attitudes inadéquates. Malgré la grande expérience des parents, il y a lieu de transmettre une information claire et précise au regard des points énumérés ci-dessous :

☐ Le tableau clinique : les manifestations primaires et secondaires, la variabilité d'expression et le caractère souvent situationnel des manifestations, les facteurs aggravants, etc.

☐ L'état actuel des connaissances sur le sujet : la fréquence, les causes invoquées, les principaux moyens d'évaluation, les solutions thérapeutiques, etc.

☐ L'évolution du problème : les signes précurseurs, l'évolution à l'adolescence et à l'âge adulte.

On devrait parler de problème de développement plutôt que de maladie et se garder d'entretenir le mythe des solutions radicales. Certains parents ont tendance à tenir compte des avis qui alimentent leur culpabilité ou leur anxiété. Une bonne information saura replacer le problème dans une perspective plus exacte. D'autres parents finissent par avoir une image négative de l'enfant, laquelle disparaîtra après une discussion approfondie sur les causes et la dynamique de ses difficultés. D'autres encore saisissent avec beaucoup d'intuition la nature même des problèmes de l'enfant : l'évaluation confortera leurs attitudes. On ne devrait commencer à travailler directement auprès de l'enfant qu'après s'être assuré que les parents comprennent ses difficultés. Une intervention similaire auprès des autres membres de la famille est parfois nécessaire, car l'enfant hyperactif devient souvent le canal par lequel s'expriment les tensions familiales.

5.3.3 Auprès du milieu scolaire

L'enseignant acquiert sa compréhension de la problématique dans l'exercice de sa fonction. Celui qui intervient régulièrement auprès d'enfants hyperactifs connaît assez bien les facettes de leur comportement en classe. Il peut à l'occasion, comme toute personne qui n'a pas de contacts avec ce type d'enfants, être dépassé par l'ampleur du problème. Il se retrouve alors un peu dans la situation des parents, et ses réactions sont à peu près semblables aux leurs. La compréhension de l'enseignant doit aussi être vérifiée. Il est important d'évaluer dans quelle mesure elle influence la perception qu'il a de l'enfant et ses attitudes envers lui.

Il est capital de confronter ensuite les perceptions des uns et des autres, y compris celles des parents et des évaluateurs. C'est ainsi que l'on pourra en arriver à une compréhension unifiée du cas de l'enfant. Il ne s'agit pas de dépister uniquement les perceptions fausses, mais de s'assurer que tous saisissent bien la réalité des difficultés de l'enfant et voient les facteurs pouvant influencer son comportement.

5.4 L'AMÉLIORATION DU COMPORTEMENT DE L'ENFANT

La plupart des interventions visent à améliorer chez l'enfant, à la maison comme à l'école, les comportements et l'exécution des tâches qui lui sont assignées. Les chercheurs ont accordé de l'importance surtout aux symptômes dérangeants. Mais l'intervention ne saurait être complète si l'on ne tient pas compte aussi des capacités et des besoins de l'enfant.

5.4.1 Le traitement des symptômes

Les écrits scientifiques font état de nombreuses tentatives pour réduire l'hyperactivité de l'enfant ou corriger son inattention. On présume que la correction des principales manifestations du problème conduira à une amélioration du comportement et du rendement de l'enfant. Cette attitude découle de la conviction qu'il s'agit d'un syndrome spécifique et que les manifestations sont le résultat d'un problème intrinsèque de l'enfant. Toutefois, comme nous l'avons vu au chapitre 2, la forme sous laquelle se manifeste le problème dépend de multiples facteurs, ce qui limite la portée des conclusions. Dans l'état actuel des connaissances, personne ne peut prétendre traiter une cause précise. Néanmoins, le fait de remédier aux symptômes qui nuisent à la conduite de l'enfant s'avère souvent nécessaire même si cette option ne constitue pas l'unique solution.

Le traitement des symptômes soulève plusieurs questions. Qu'est-ce qu'on doit corriger : les manifestations primaires ou secondaires ? Doit-on agir sur l'expression des symptômes ou sur leurs effets ? La réduction des symptômes nous assure-t-elle un succès thérapeutique ? Un certain nombre de critères reliés aux manifestations peuvent servir de guides :

☐ La nature des manifestations. Les manifestations ne revêtent pas toutes la même importance chez chaque enfant même si les enfants hyperactifs partagent des caractéristiques communes. Chez l'un, l'agitation prendra le pas sur les autres manifestations alors que chez l'autre l'inattention ou l'agressivité domineront. Tracer le portrait de l'enfant devrait donc permettre de déceler les comportements qui nécessitent une intervention prioritaire. Cette démarche est d'autant plus nécessaire que les modalités d'intervention peuvent différer selon la prédominance des manifestations.

☐ L'intensité des manifestations. Le caractère perturbateur de l'hyperactivité justifie souvent l'utilisation précoce de mesures de contrôle. Tel n'est pas le cas pour l'inattention. Le principal problème est qu'il n'y a pas de seuil d'intensité à partir duquel une intervention s'impose. De plus, l'intensité d'un symptôme comme l'hyperactivité peut refléter à la fois la réalité du problème, la perception qu'on en a, des facteurs d'aggravation comme l'anxiété ou l'intolérance de l'entourage. Le critère d'intensité ne permet pas toujours d'appuyer la décision que l'on prend d'agir sur le symptôme lui-même.

☐ Les conséquences pour l'enfant. L'enfant qui présente un symptôme de déficit d'attention et qui continue tant bien que mal à fournir un rendement satisfaisant ne requiert pas le même type d'intervention que celui qui échoue à l'école et accumule les insuccès. Les conséquences néfastes de l'hyperactivité ne sont pas toujours imputables seulement aux manifestations primaires. Par ailleurs, les enfants hyperactifs ne développent pas tous une mauvaise estime de soi ou un sentiment d'échec.

☐ Le contexte dans lequel s'exprime le problème. Si les difficultés de l'enfant se manifestent dans tous les contextes de sa vie, l'intervention devra être beaucoup plus large. Par contre, si elles sont circonscrites autour de certaines activités d'apprentissage ou de tâches qui font intervenir les faiblesses de l'enfant, l'aide ne portera que sur ces points.

☐ Les facteurs favorisants ou aggravants. Plusieurs facteurs viennent appuyer l'intervention. L'enfant qui entretient une relation privilégiée avec son enseignant a des chances de devenir moins perturbateur. Celui qui a de bonnes ressources intellectuelles et qui a mis au point des stratégies de compensation réagira plus facilement à l'intervention à moins que des facteurs de contamination ne viennent entraver son évolution. La stabilité du milieu familial, qui assure à l'enfant la sécurité affective dont il a besoin, le disposera mieux à l'apprentissage. À l'inverse, la présence de troubles d'apprentissage graves, de difficultés d'ordre affectif, d'anxiété, d'un état dépressif ou d'une pauvre estime de soi vont augmenter les résistances de l'enfant à l'intervention et nuire à son bon déroulement. Parfois les facteurs sont issus de l'entourage, comme c'est le cas quand éclate une crise familiale.

Le choix du type d'intervention dépend de tous ces facteurs qui interagissent différemment selon les situations. La motivation et la participation des personnes en cause ainsi que les ressources disponibles jouent aussi un rôle de premier plan. De façon générale, la stratégie d'intervention consiste à apporter à l'enfant un encadrement cohérent et prévisible dans le milieu familial, à lui fournir un soutien pédagogique adapté à son profil ainsi qu'à assurer une réduction des facteurs aggravants.

Si ces seuls moyens ne suffisent pas pour amorcer et maintenir une courbe de progrès, des mesures spécifiques peuvent être envisagées (thérapies comportementales, thérapies cognitives, stimulants, etc.). Encore faut-il être apte à évaluer les progrès de l'enfant. Ainsi, parfois, les parents ou l'enseignant espèrent trop obtenir des résultats définitifs sans se rendre compte de l'amélioration réelle que l'enfant apporte à son rendement et à son comportement. Même si l'on arrive à corriger assez bien son déficit d'attention, l'enfant en présentera toujours des manifestations suivant les tâches ou les circonstances. La régulation des manifestations symptomatiques ne doit pas se faire à tout prix. Chaque intervention doit être pondérée en fonction des avantages et des inconvénients qui peuvent en résulter pour l'enfant et son milieu.

Il est important de se rappeler que la plupart des interventions ont des effets non spécifiques. L'enfant peut évoluer dans la bonne direction pour des raisons qui ne sont pas directement reliées aux mesures prises. Quand l'intervention s'échelonne sur plusieurs années, par exemple, la maturation vient jouer un rôle important dans l'amélioration de sa condition. Mais il arrive aussi que l'enfant s'enfonce davantage dans ses difficultés malgré une intervention adéquate et pondérée. Il n'est pas toujours possible de contrôler tous les facteurs d'influence ni tous les phénomènes intercurrents qui modifient les données du problème.

5.4.2 L'actualisation des aptitudes de l'enfant

Que ce soit à l'intérieur ou à l'extérieur des milieux familial et scolaire, l'enfant a besoin d'éprouver un sentiment de compétence. L'histoire de l'enfant hyperactif est souvent marquée par la progression des mesures que prend l'entourage pour corriger son comportement et améliorer son rendement scolaire. Ses faiblesses deviennent finalement le seul centre d'intérêt, à tel point qu'on oublie de l'aider à développer les aptitudes qu'il possède. Devant les échecs répétés et l'insatisfaction de l'environnement, l'enfant affiche un sentiment d'incapacité et d'impuissance que viennent renforcer un rendement scolaire stationnaire ou une détérioration de son comportement. Sa « démission » prendra la forme d'une résistance aux interventions et sera suivie d'une baisse de motivation.

À titre de stratégie d'intervention indirecte, on permettra à l'enfant d'exercer ses capacités sous une forme ou sous une autre. Ce répit qu'on lui accordera lui donnera l'occasion de préserver des ressources personnelles auxquelles on pourra faire appel au besoin. On constate que certains enfants sont tellement découragés qu'ils n'arrivent même pas à se nourrir de leurs succès. C'est une approche psychodynamique qui s'impose alors. Tout comme son entourage, l'enfant devra d'abord devenir capable d'accepter les difficultés. Cette étape est utile pour le développement de mécanismes d'adaptation efficaces. L'enfant qui peut faire preuve de ses capacités a certes plus de chances de bien évoluer.

5.4.3 Le développement de bonnes relations avec l'entourage

De bonnes relations avec des personnes compréhensives améliorent le pronostic de l'enfant. Trop souvent, les relations qu'entretient l'enfant avec son entourage, sont conditionnées par ses difficultés. De même, des interactions négatives diminuent l'efficacité des interventions. C'est en favorisant et en encourageant de bonnes relations qu'on pourra accroître la motivation de l'enfant. Les enfants hyperactifs éprouvent beaucoup de difficultés dans leurs échanges avec leurs pairs (Whalen et Henker, 1985). Leur comportement provoque souvent les membres de l'entourage, qui ont tendance à les rejeter. Comme dans une réaction en chaîne, l'enfant répondra à ce rejet par un comportement encore moins acceptable. Mais l'enfant hyperactif a moins de difficulté à comprendre les situations sociales qu'à les gérer (Campbell, 1990). De ce fait, la mise en place de stratégies pour améliorer les interactions sociales s'avère souvent essentielle.

5.4.4 La participation de l'enfant à l'intervention

Le système mis en place pour contenir ou diriger l'enfant risque de freiner sa participation, en déclenchant par le fait même un état de dépendance où l'enfant attend qu'on lui dise quoi faire. De plus, le manque de maturité, si fréquent dans l'hyperactivité, ajoute aux difficultés de l'enfant. La stratégie d'intervention consiste d'une part à encadrer l'enfant, sans se substituer à lui, pour favoriser son autonomie et d'autre part à l'associer aux décisions qui le concernent. Beaucoup d'enfants se présentent à une évaluation sans en connaître les raisons et avec une certaine résignation. Habitués à compter sur une autorité extérieure pour la plupart des activités de la vie quotidienne, ils laissent aussi au monde adulte la responsabilité de régler leur problème.

5.4.5 La réponse aux autres besoins

L'enfant hyperactif n'est pas qu'hyperactivité ou inattention. Il a une vie propre et des besoins précis. Parfois l'entourage a du mal à faire la distinction entre les manifestations de son problème et les attitudes qui sont normales pour son âge. Comme tout autre enfant, il réagit aux événements ou aux circonstances inhabituels (maladies aiguës ou chroniques, crise familiale, etc.), mais ses réactions sont amplifiées, excessives, inappropriées ou discordantes. Il a droit aux mêmes fluctuations de comportement. Ses difficultés dans ses relations avec ses pairs, l'agressivité, l'inattention en classe, l'agitation ne sont pas toujours reliées à son hyperactivité. Les personnes de son entourage sont fortement tentées de ne voir que ce qui confirme l'opinion qu'elles ont de l'enfant. En retour, celui-ci cherche parfois à se comporter d'après cette opinion.

5.5 L'HARMONISATION DES RELATIONS PARENTS-ENFANT

Les difficultés de l'enfant s'accentuent dans un milieu familial où les interactions sont plus ou moins problématiques. Parfois, les parents s'adaptent très bien au style de l'enfant alors qu'en d'autres occasions s'installent de vives tensions rendant conflictuelles toutes les activités de la vie quotidienne. La très grande agitation de l'enfant, son impulsivité, sa maladresse, son manque d'écoute, ses refus d'obéir sont susceptibles de déclencher chez les parents des réactions négatives qui amplifieront les difficultés.

Les problèmes d'interactions sociales qu'ont les enfants hyperactifs sont bien illustrés dans une étude de Barkley (1981). L'auteur rapporte que des parents qualifient de plus difficile le comportement de leur enfant hyperactif quand il y a des visiteurs à la maison, quand parents et enfant sont en visite à l'extérieur, quand ils se retrouvent dans des lieux publics, quand les parents sont au téléphone, quand l'enfant joue avec d'autres ainsi que dans diverses autres situations similaires. Mentionnons que la conduite des enfants dits normaux se modifie également en pareilles circonstances, mais de façon beaucoup moins prononcée. Il semble que les interactions sociales soulignent davantage les faiblesses de l'enfant hyperactif qui se voit incapable de maîtriser son comportement.

Dans le domaine des relations parents-enfant, on a longtemps cru que seules les attitudes parentales déterminaient le comportement de l'enfant. Autrement dit, un enfant serait hyperactif parce que ses parents ne réussissent pas à le maîtriser, ou bien, son agressivité serait le résultat des méthodes punitives des parents. Des recherches plus récentes ont toutefois démontré que les caractéristiques comportementales de l'enfant pouvaient influencer les réactions de ses parents à son égard. Nous admettons aujourd'hui qu'il y a réciprocité et que parents et enfant s'influencent mutuellement selon un processus extrêmement dynamique.

Les attentes des parents à l'endroit de l'enfant de même que leur niveau de réponse à un comportement, que celui-ci soit adéquat ou non, varient en fonction de multiples facteurs qui ne sont pas toujours modifiables. Par exemple, leur état de santé, leur constitution, leur tempérament, leur expérience passée et présente avec les enfants, leur niveau d'instruction, leurs problèmes personnels sont autant d'éléments qui marquent le type d'éducation que les parents donnent à leurs enfants. À cela peuvent s'ajouter des facteurs extérieurs engendrant aussi des difficultés. L'enfant est également influencé dans son comportement, indépendamment de son problème primaire, par son état de santé, sa constitution, son tempérament, son niveau de développement et ses expériences personnelles. Parents et enfants n'ont pas de contrôle sur ces facteurs qui régissent leurs réactions réciproques. Ils ne peuvent rien non plus contre certains facteurs extérieurs. Par exemple, les parents ne pourront modifier une situation économique difficile ni le fait que l'enfant ait connu une mauvaise journée à l'école.

L'intervention doit faire comprendre aux parents ces phénomènes qui influencent leurs réactions devant le comportement de l'enfant.

Les parents seront ainsi plus à même de faire une distinction entre ce qui relève de leur responsabilité propre et ce qui relève de la responsabilité de leur enfant.

Barkley (1981) a proposé un programme d'intervention en huit étapes pour les parents d'enfants hyperactifs. Par la suite, ce programme a été enrichi de deux nouvelles étapes s'adressant aux parents dont l'enfant a un comportement d'opposition, relié ou non à un problème d'hyperactivité (Barkley, 1987). Très formel, ce programme s'inspire des théories behavioristes et cognitivistes. Il apprend aux parents non seulement à modifier leurs attitudes par la compréhension du problème, mais aussi à utiliser des techniques de modification du comportement.

Selon Barkley (1981), un programme destiné aux parents doit répondre à certains critères :

❑ il doit être simple, facile à appliquer et adapté au niveau d'instruction des parents;

❑ la démarche proposée doit être progressive pour que les parents puissent assimiler la théorie et appliquer correctement la méthode;

❑ il est important de choisir le type de familles auxquelles peut s'appliquer ce modèle d'intervention. Certains problèmes touchant l'enfant ou les parents peuvent diminuer leur disponibilité et rendre le programme inefficace;

❑ le programme doit être ajusté en fonction des besoins de chaque famille.

Le rôle des intervenants auprès des parents est primordial. Même si la démarche doit être rigoureuse, ce n'est pas la technique utilisée qui importe le plus. Les qualités personnelles de l'intervenant, ses qualités relationnelles, son enthousiasme et sa confiance comptent beaucoup pour amplifier les effets de son intervention.

Le programme proposé par Barkley (1987) constitue un tout intégré et nous suggérons au lecteur de consulter l'ouvrage original s'il a l'intention de l'appliquer de façon formelle. Certaines composantes du programme, comme l'information aux parents sur le problème de l'hyperactivité ou l'explication du phénomène des interactions parents-enfant, font nécessairement partie de l'intervention de base. Nous soulignerons ici quelques étapes du programme de Barkley (1981), lesquelles nous paraissent particulièrement pertinentes pour la gestion des comportements difficiles.

5.5.1 Prêter attention aux comportements adaptés de l'enfant

Au moment de la consultation, les interactions parents-enfant sont souvent devenues difficiles et se déroulent dans un climat défavorable (Barkley, 1985). Les parents ont l'impression de se heurter à un mur, et, de son côté, l'enfant se plie de moins en moins volontiers à leurs exigences. À force d'exercer une discipline stricte sur l'enfant, les parents ont des attitudes de plus en plus rigides et ne sont plus capables d'apprécier les moments où l'enfant se comporte normalement. Il importe donc de :

☐ briser le cercle vicieux des interactions négatives;

☐ diminuer la tension provoquée par des affrontements continuels;

☐ rétablir des contacts privilégiés et retrouver du plaisir à être ensemble;

☐ modifier la perception des parents.

Les parents devront apprendre à reconnaître les « bons » comportements de l'enfant sans se laisser obnubiler par l'ensemble de la situation. Pour ce faire, Barkley (1981) leur suggère :

☐ de choisir des activités non « contaminées », c'est-à-dire des activités dans lesquelles l'enfant semble à l'aise et où il s'exprime plus librement;

☐ d'observer son comportement sans poser de questions ni donner d'ordres;

☐ de le laisser jouer sans toujours le corriger;

☐ de lui manifester de l'intérêt et de lui adresser des remarques encourageantes;

☐ de souligner la justesse de son comportement et d'exprimer leur satisfaction à cet égard;

☐ de ne pas prêter attention aux écarts de comportement et de se retirer au besoin si l'enfant est trop désorganisé;

☐ de prévoir des périodes privilégiées où l'un des parents ou les deux pourront entrer en contact avec l'enfant et l'observer sans avoir à l'évaluer et en dehors de tout climat de tension.

Cette démarche a pour but de diriger l'attention des parents sur les comportements normaux de l'enfant. En fait, ces comportements passent inaperçus au milieu des difficultés considérables qui contaminent la perception des parents. Il arrive que la situation soit détériorée au point que les parents ou l'enfant sont incapables de se soumettre à un tel exercice. D'autres facteurs négatifs peuvent également empêcher le bon déroulement de la procédure : problèmes personnels des parents, haut niveau d'anxiété dans la famille, discordance importante d'attitudes entre les parents, indifférence devant la situation ou incompréhension de la démarche thérapeutique. Parfois, au contraire, c'est le trop bon vouloir des parents qui fait problème parce qu'ils ont des attentes irréalistes à l'égard de l'intervention.

5.5.2 Amener l'enfant à se plier aux consignes

Les habiletés acquises par les parents lors de la précédente étape pourront leur être utiles lorsqu'ils demanderont à l'enfant de se plier à des consignes ou de mener une activité de jeu de façon autonome, cela, sans être submergés par le comportement perturbateur de l'enfant. En fait, les parents apprendront à structurer leurs demandes de façon à obtenir des réponses positives de la part de l'enfant. Renforcées, les réactions positives de l'enfant engendreront le comportement que les parents souhaitent obtenir. Pour ce faire, il importe :

◻ de donner des consignes brèves et simples sur un ton empathique mais ferme;

◻ de demander à l'enfant de répéter la consigne non seulement pour vérifier sa compréhension, mais aussi pour en favoriser la mémorisation;

◻ de laisser à l'enfant le temps nécessaire pour accomplir la tâche;

◻ de renforcer l'attention de l'enfant par un contact visuel et en éliminant les sources de distraction;

◻ de s'assurer que l'enfant a complété la tâche;

◻ de l'encourager dans ses efforts.

Si l'enfant accomplit la tâche demandée, il faut l'encourager chaleureusement surtout s'il l'a fait sans qu'on ait eu besoin de répéter. Si les encouragements ne suffisent pas, on peut avoir recours à un système de renforcement plus concret (jetons, récompenses, etc.). Il faut en même temps respecter la façon de faire de l'enfant surtout s'il a un tempo plutôt lent et de la difficulté à s'organiser.

Il ne suffit pas d'apprendre à l'enfant à respecter les consignes. Il faut aussi développer son autonomie au jeu. Les enfants hyperactifs ont souvent tendance à déranger, à s'immiscer dans les conversations qui ne les concernent pas, à interrompre leur activité pour aller retrouver leurs parents au moment où ceux-ci sont occupés. Ils doivent devenir capables de poursuivre une activité de jeu de façon autonome.

On travaillera sur un comportement à la fois sans s'arrêter aux écarts de conduite et en prêtant surtout attention aux bonnes attitudes de l'enfant.

5.5.3   Savoir corriger les comportements inadéquats

Les parents s'installent souvent dans un système d'éducation qui devient de plus en plus coercitif et où les punitions, à la longue, finissent par ne plus avoir d'effets. De crainte de perdre le sens de la mesure, ils ont tendance à se réfugier ensuite dans la passivité tout en nourrissant de vifs sentiments de colère à l'endroit de l'enfant. De temps en temps, cette colère prendra des proportions exagérées en regard de la faute commise par l'enfant. L'intervention thérapeutique doit essayer de briser ce cercle vicieux du renforcement négatif. L'enfant qui, par un comportement extrémiste, a réussi à faire lâcher prise à ses parents sera porté à récidiver dans le même sens. Les parents devront essayer de trouver des mesures disciplinaires efficaces qu'ils appliqueront fermement mais sans animosité. C'est là une tâche difficile qui demande aux parents de modifier des attitudes fortement ancrées.

Le premier principe consiste à réagir dès que l'enfant passe outre à une consigne ou se comporte de façon inadéquate tout en lui laissant le temps de se reprendre. Cet équilibre est parfois difficile à atteindre, les parents développant à la longue une très grande réactivité à tout écart de conduite de l'enfant. Si l'enfant n'obéit pas à la demande des parents après plusieurs rappels ou avertissements, on peut le mettre à l'écart (*time out*) pour une période variant selon son âge. La technique de mise à l'écart ne doit pas comporter d'avantages secondaires pour l'enfant, sinon on n'obtiendra pas les résultats escomptés. L'enfant essaiera souvent de transiger ou d'échapper à la situation. Les parents devront rester fermes sans perdre leur calme et en gardant la maîtrise de la situation.

Le comportement de l'enfant dans les lieux publics pose souvent des problèmes, au point que les parents n'osent plus sortir avec lui. La situation peut s'améliorer si les sorties sont planifiées et si l'enfant est bien préparé. Les parents doivent au préalable définir des règles et encourager les comportements attendus. On évitera cependant d'exposer inutilement l'enfant à des échecs.

Un programme d'intervention comme celui proposé par Barkley (1987) comporte plusieurs avantages. Il améliore les interactions parents-enfant, il accroît la compétence des parents, il modifie les perceptions et il diminue le stress familial. Ce programme semble être efficace surtout quand les problèmes de comportement sont extériorisés. Il n'est cependant pas une panacée. Le climat familial peut être à ce point détérioré qu'il faille envisager des mesures thérapeutiques beaucoup plus poussées.

5.5.4 Superviser la séance des devoirs

Presque invariablement les parents disent avoir des problèmes à l'heure des devoirs. La séance se prolonge indûment et se termine souvent en bataille, si bien que les progrès de l'enfant sont minimes sinon nuls. Les parents veulent aider leur enfant à tout prix pour qu'il satisfasse aux exigences scolaires. Les enjeux affectifs s'expriment parfois avec intensité. Les parents n'acceptent pas les difficultés de l'enfant et s'acharnent à trouver des moyens pour l'aider. De son côté, l'enfant n'ose pas déplaire à ses parents et se retrouve encore en situation d'échec. Il est important que l'activité devoirs soit adaptée au profil de l'enfant. On obtiendra de meilleurs résultats en répartissant le travail sur de courtes périodes et en fractionnant les tâches. L'enseignant et les parents pourraient s'entendre sur le volume de travail à faire à la maison pour qu'il y ait continuité avec les tâches effectuées à l'école. Favoriser l'autonomie de l'enfant, souligner ses forces, éviter les dénigrements systématiques font partie des stratégies à mettre en application dans cette activité qui a besoin d'être « décontaminée » pour devenir l'occasion d'établir de bons contacts entre parents et enfant.

5.5.5 Intervenir auprès de la fratrie

On ne peut aborder la question des relations parents-enfant sans parler de la fratrie. Dans une étude comparative, Mash et Johnston (1983) ont constaté que les enfants hyperactifs avaient plus de conflits avec leurs frères et sœurs que les enfants du groupe témoin, situation qui semblerait contribuer à la détérioration du climat familial. Les frères et sœurs peuvent se sentir délaissés par leurs parents parce que ceux-ci mettent toute leur énergie à résoudre le problème de l'enfant hyperactif. Mais on trouve aussi la situation contraire : les parents vont se tourner vers les enfants qui ont un comportement plus gratifiant. Certains parents sont mal à l'aise d'établir des comparaisons entre leurs enfants. Il devient intéressant à ce moment-là d'étudier l'influence que peut avoir l'enfant problème sur la dynamique familiale et d'apporter les correctifs nécessaires. Les membres de la fratrie ont aussi besoin de comprendre les difficultés de l'enfant hyperactif et de manifester leur ressentiment pour que l'intervention soit efficace.

5.6 L'INTERVENTION AUPRÈS DES PARENTS

La précédente section fait surtout état des difficultés qui peuvent se manifester dans les relations parents-enfant. Mais les parents aussi ont des besoins personnels, reliés ou non au problème de l'enfant, qui méritent d'être pris en considération. Face à un enfant « difficile », ils réagissent plus ou moins adéquatement selon leurs ressources personnelles et le contexte dans lequel ils se trouvent. L'intensité du problème dépasse parfois leur capacité d'adaptation et nécessite qu'une aide leur soit apportée. Les parents présentent plusieurs types de réaction :

☐ **Un sentiment de culpabilité.** Les parents s'inquiètent souvent de leur responsabilité dans les difficultés de l'enfant. Ils se demandent s'ils ont fait tout ce qui était possible pour les résoudre. Ils s'interrogent sur les causes du problème et sur ce qu'ils auraient pu faire pour les éviter. Si, par exemple, l'enfant a subi lors de la grossesse ou de l'accouchement des lésions reliées à ses problèmes actuels, la mère pourra s'en sentir responsable. Les parents n'oseront pas s'avouer leurs sentiments négatifs à l'endroit de leur enfant perturbateur et se sentiront coupables d'avoir de telles idées qui contreviennent à l'image du parent idéal.

☐ **Un sentiment d'incompétence, d'échec et d'impuissance.** Malgré tous leurs efforts, les parents s'aperçoivent qu'ils maîtrisent peu la situation. Ils en viennent à douter de leur compétence et se découragent devant les maigres résultats qu'ils obtiennent. Ils s'attribuent toute la responsabilité de la situation ou accusent l'environnement de ne pas apporter de solution au problème de leur enfant. Ils s'irritent de ce qu'on ne semble pas reconnaître la valeur de leurs efforts. À la limite, ils renoncent à poursuivre toute intervention.

☐ **Déception et inquiétude.** Les parents sont souvent déçus par cet enfant qui se distingue plus par ses problèmes que par ses succès. L'enfant n'évolue pas selon leurs attentes. Une fois que la réalité s'est imposée à eux, les parents se mettent à s'inquiéter pour l'avenir de l'enfant. Ils craignent les effets d'une faible scolarisation et du rejet social, les risques de décrochage, le développement de comportements délinquants, etc. Ces craintes engendrent souvent une anxiété qui les pousse à forcer l'intervention et à rechercher des solutions définitives parfois peu réalistes.

Ces réactions ne sont pas générales et ne s'expriment pas toujours avec la même intensité. Le problème de l'enfant n'explique pas toujours à lui seul les difficultés parentales. Certains parents sont plus vulnérables que d'autres et chacun est influencé par sa propre histoire. Un père qui se reconnaît dans le comportement de son fils peut se montrer tolérant à son endroit ou s'efforcer de lui éviter le même cheminement que le sien. Un autre parent peut manifester une inquiétude excessive devant le rendement scolaire médiocre de l'enfant, inquiétude qui d'ailleurs se transmettra à l'enfant. Les difficultés qu'éprouve l'enfant viennent parfois confirmer les craintes des parents. Toutes ces réactions risquent de contaminer le climat familial et d'engendrer un état de tension dont l'enfant pourra être tenu responsable. Les discordances entre les parents en matière d'éducation s'expriment avec beaucoup d'acuité dans ce genre de situation et peuvent dégénérer en graves conflits qui mettent en péril l'intégrité de la famille et détériorent davantage la conduite de l'enfant.

Les parents ont pour rôle principal d'accepter les difficultés de l'enfant et de lui procurer le soutien dont il a besoin. Voici quelques moyens de les aider dans l'accomplissement de leur tâche :

☐ renforcer chez les parents les attitudes qui conviennent et appuyer les solutions originales et efficaces qu'ils ont mises de l'avant pour faire face aux difficultés de l'enfant;

☐ les aider par un travail d'interprétation à départager les facteurs qui relèvent de leur responsabilité et ceux qui sont inhérents à l'enfant;

☐ aborder avec eux la question des sentiments négatifs envers l'enfant, les déceptions quant à leurs attentes et les difficultés qu'ils ont à changer le cours des choses;

☐ explorer les discordances éducatives et les conflits familiaux engendrés par le problème de l'enfant; favoriser la participation de chacun des parents;

☐ guider les parents dans les choix qui s'imposent en ce qui concerne l'évaluation de l'enfant et l'orientation scolaire;

☐ envisager le bien-fondé d'une thérapie individuelle ou familiale si le besoin s'en fait sentir;

☐ respecter les raisons qui empêchent les parents de recourir à des mesures d'aide ou d'y collaborer.

Il est important que les parents puissent trouver une certaine assurance face aux difficultés de l'enfant et qu'ils ajustent leur façon de voir et d'agir à la réalité. En retour, la situation ne pourra que se redresser, et le pronostic de l'enfant s'améliorer.

5.7 L'ENCADREMENT SCOLAIRE

Les problèmes de l'enfant hyperactif et inattentif s'expriment avec plus d'acuité en milieu scolaire. Les exigences du régime pédagogique et la structure même d'une classe ordinaire soulignent davantage ses faiblesses. On constate parfois que l'enfant adopte à l'école une attitude totalement différente de celle qu'il a à la maison, si bien que les parents doutent du portrait que leur en fait le milieu scolaire. Ce qui apparaît comme une contradiction constitue en fait l'une des caractéristiques du problème pour plusieurs de ces enfants dont les symptômes augmentent en fonction de la tâche qu'ils ont à accomplir. Les difficultés de l'enfant hyperactif découlent de son comportement. À cause de son agitation, de son inattention et de son impulsivité, il est incapable de terminer ses travaux et dérange souvent le reste de la classe. Ses relations avec les autres élèves se détériorent et il se retrouve en situation d'échec à cause aussi de ses troubles d'apprentissage.

Les stratégies d'intervention à l'intérieur de la classe ne doivent pas viser uniquement les comportements déviants. Un certain nombre d'études ont montré que des actions centrées plutôt sur le rendement scolaire ont des effets positifs sur le comportement (McGee et Share, 1988). Il en va de même des interventions qui ont pour but d'affiner les habiletés sociales de l'enfant. Ces conclusions confirment la nécessité d'agir à la fois sur le comportement, l'apprentissage scolaire et les relations sociales. Le recours à une thérapie comportementale ou à un stimulant peut diminuer l'agitation de l'enfant, mais il ne garantit pas de meilleurs résultats scolaires ou la réduction des conflits avec les pairs. À l'inverse, des séances de rééducation orthopédagogique, si bien adaptées soient-elles aux besoins de l'enfant, seront contrecarrées dans leur efficacité par son manque d'attention et de concentration.

5.7.1 Les stratégies éducatives

Il n'existe pas de méthode éducative éprouvée qui réponde aux besoins des enfants hyperactifs dans leur ensemble. Il faut savoir ajuster les stratégies en fonction de chaque cas. Mais ce n'est pas l'objet du présent ouvrage que de tracer le répertoire de toutes les modalités d'intervention qui ont été tentées en milieu scolaire. C'est un sujet difficile à cerner en raison de la très grande variété des méthodes utilisées et de l'hétérogénéité des établissements scolaires. De plus, il existe peu d'études comparatives sur l'efficacité des différentes techniques.

Depuis le début des années 80, les thérapies cognitives (voir chapitre 6) semblent s'imposer et paraissent prometteuses bien que leurs résultats à long terme soient encore mal connus. Les principes de base de la pédagogie s'appliquent aux enfants hyperactifs comme aux autres. Par contre, l'intervention pédagogique pourra varier en fonction des déficits décelés lors de l'évaluation de l'enfant. L'exploration de différentes méthodes a permis de mettre en lumière un certain nombre de thèmes récurrents autour desquels s'articulent les étapes de l'intervention pédagogique auprès des enfants hyperactifs :

❑ La planification et l'organisation des tâches scolaires :
- concevoir des tâches à la portée de l'enfant qualitativement et quantitativement;
- définir clairement toutes les étapes de leur réalisation;
- fractionner le travail pour exploiter les moments où l'attention de l'enfant est à son maximum;
- ajuster le temps d'exécution au rythme de l'enfant;
- revenir sur les étapes antérieures;
- augmenter progressivement les exigences.

❑ La transmission des consignes :
- donner des consignes simples, claires, cohérentes et pertinentes;
- faciliter leur compréhension et leur mémorisation en établissant un contact visuel avec l'enfant et en lui faisant répéter les consignes.

❑ L'organisation du temps et de l'espace :
- respecter un horaire fixe;
- proposer un certain nombre de routines;
- apprendre à l'enfant à organiser son espace physique;
- rendre harmonieuses les transitions de l'enfant entre les diverses activités et les différents contextes.

❑ La structuration du comportement :
- renforcer systématiquement les comportements appropriés;
- prévoir une réponse immédiate et adaptée à un comportement inapproprié;
- établir un système d'émulation au besoin.

☐ Les attitudes éducatives :

- assurer un juste équilibre entre les critiques et les encouragements;

- éviter à l'enfant les confrontations systématiques avec les situations d'échec et éviter de le placer toujours en face de ses faiblesses;

- favoriser son autonomie en lui confiant des responsabilités (pédagogiques ou non) et en lui donnant l'occasion de prendre des décisions;

- lui permettre d'évacuer ses états de tension;

- individualiser l'approche éducative.

Ces suggestions visent la participation active de l'enfant tout en minimisant le contrecoup de ses difficultés. Elles ne s'appliquent pas exclusivement au problème de l'hyperactivité et peuvent être utiles pour d'autres troubles de comportement. Dans le contexte pédagogique, il faut savoir ajuster les stratégies au style de comportement de l'enfant et tenir compte de la présence de troubles d'apprentissage concomitants.

5.7.2 L'aménagement de la classe

Il fut une époque où l'on isolait l'enfant hyperactif dans l'espoir que l'absence de sources de distraction autour de lui suffirait à le rendre plus attentif. L'expérience a bien démontré que cette méthode n'était d'aucune valeur et que la réduction des sources de distraction n'empêche pas l'enfant d'être inattentif. L'aménagement physique de la salle de classe est quand même une question à considérer. Reléguer l'enfant à l'arrière de la classe sous prétexte qu'il dérange le déroulement normal des cours n'aide en rien à sa concentration et ressemble à un message de rejet. Plusieurs auteurs recommandent d'asseoir l'enfant plus près de l'enseignant afin qu'il prête mieux attention aux consignes et puisse être ramené à l'ordre au besoin (Levine, 1987). Cette mesure peut en effet mobiliser davantage l'attention de l'enfant, mais elle n'est efficace que si la relation entre l'enseignant et l'élève est bonne.

Plusieurs s'interrogent sur la façon la plus appropriée d'aménager la salle de classe pour ce type d'enfant. Ici encore, il n'y a pas de règle absolue. Il est certes préférable que l'enfant s'adapte progressivement à la structure d'une classe ordinaire, quitte à l'aider entre temps par divers moyens. Mais il est parfois nécessaire que l'enfant soit placé dans un environnement mieux adapté soit parce que son comportement est très perturbé soit parce qu'il est très en retard dans ses études. L'orientation de l'enfant vers une classe adaptée se pose donc parfois, solution qui ne plaît pas beaucoup à la plupart des parents. Plusieurs facteurs expliquent la mauvaise presse des classes adaptées :

☐ la décision d'y orienter l'enfant confirme aux yeux des parents les difficultés et l'échec de l'enfant;

☐ l'enfant risque d'y terminer sa scolarité au lieu de retourner dans le secteur ordinaire;

☐ les enfants qui fréquentent de telles classes présentent souvent des problèmes hétérogènes, ce qui crée un climat peu propice à l'encadrement de l'enfant hyperactif;

☐ les classes adaptées varient en qualité d'une année à l'autre selon la clientèle;

☐ ce type de classe étant considéré comme une mesure d'aide en soi, il est difficile pour l'enfant de bénéficier d'une aide individualisée.

Il ne faudrait pas, en dépit des critiques qu'on leur adresse, juger hâtivement les classes adaptées. Leur qualité, tout comme celle des classes ordinaires, dépend aussi de facteurs informels : qualité des relations et de l'encadrement pédagogique; intérêt de l'enseignant, des parents et de l'enfant. Ces classes peuvent être un lieu où l'enfant retrouve un certain sentiment de compétence, fait l'expérience du succès et se sent moins astreint à des standards de performance. La décision d'intégrer l'enfant à une classe adaptée doit être conforme à ses besoins et doit résulter d'une discussion approfondie entre les responsables scolaires, les parents et l'enfant.

Les parents se demandent parfois si l'enfant aurait avantage à fréquenter l'école alternative, dont la philosophie est plus libérale et le programme d'activités plus stimulant. Il faut savoir que ce type d'école exige des enfants une bonne capacité d'organisation et beaucoup d'autonomie. L'enfant hyperactif n'y serait peut-être pas heureux, car il sentirait plus fortement ses faiblesses en ces domaines. De plus, ses besoins particuliers, comme celui d'être encadré, ne seraient pas diminués du fait qu'il fréquente l'école alternative.

Toutes les stratégies éducatives doivent viser à encadrer l'enfant sans lui imposer un carcan rigide où il lui serait impossible de s'exprimer.

5.8 L'HARMONISATION DES RAPPORTS ÉCOLE-ENFANT

La qualité des relations école-enfant tient à plusieurs facteurs inhérents à l'enseignant et au milieu scolaire. Cette qualité, nous l'avons souligné précédemment, est souvent déterminante pour l'évolution de l'enfant hyperactif. Des rapports chaleureux sont particulièrement bénéfiques et vice versa.

L'enseignant se sent parfois aussi démuni, impuissant et incompétent que les parents en face d'un enfant perturbé. C'est ce qui explique pourquoi ses attitudes peuvent devenir coercitives à la longue, s'il n'y prend garde. L'enfant ne pourra certainement pas progresser dans un climat aussi défavorable.

Quand les relations se détériorent, il faut l'admettre et y remédier. Les stratégies proposées aux parents conviennent tout à fait aux enseignants. Quand les tensions diminuent et que les relations se rétablissent, l'enfant réagit favorablement aux mesures d'encadrement que l'école met en place.

L'enseignant n'est pas à l'abri des préjugés de son milieu. S'il est empreint d'intolérance, le climat scolaire peut parfois contribuer aux difficultés de l'enfant. Si la classe adaptée dans laquelle l'enfant se retrouve est considérée comme un mal nécessaire, si la mauvaise perception dont l'enfant fait l'objet s'étend à toute l'école, il y a peu de chances que de bonnes relations se développent. L'évaluation d'un enfant en difficulté et l'intervention doivent tenir compte du contexte scolaire. Le directeur de l'école a aussi un rôle important à jouer dans cette dynamique. C'est ce qu'il fait quand il essaie d'intégrer un enfant hyperactif à la classe de l'enseignant qui lui paraît le plus apte à créer une bonne relation avec l'enfant.

5.9 L'HARMONISATION DES RAPPORTS PARENTS-ÉCOLE

Les difficultés qu'éprouve l'enfant en milieu scolaire augmentent les risques de désaccord entre les parents et l'école. La perception et la compréhension des problèmes de l'enfant peuvent varier en fonction des contextes de vie et de l'expérience de chacun. Pour leur part, en ce qui concerne le développement de mécanismes d'adaptation, les parents disposent de plus de temps que l'enseignant qui change d'élèves chaque année. En revanche, ce dernier a plus d'expérience de ce genre de problème de comportement et est capable d'ajuster en conséquence ses stratégies et ses attitudes.

La méfiance de certains parents à l'endroit de l'école peut être alimentée par leur refus d'accepter le problème de leur enfant. Elle peut aussi être déclenchée par des fautes dont l'école est responsable. À l'inverse, le milieu scolaire pourra imputer aux parents la cause de l'instabilité de l'enfant et se sentir envahi par des parents dont les demandes ne correspondent pas aux besoins de l'enfant.

Les points d'accrochage touchent principalement à l'appréciation du comportement et du rendement de l'enfant, aux attitudes éducatives et aux perceptions, aux moyens à prendre pour aider l'enfant, à la motivation de chacune des parties pour intervenir et à l'orientation scolaire. L'un peut accuser l'autre de ne pas intervenir avec discernement ou laisser l'autre assumer seul le poids des difficultés. Les interventions de l'un et de l'autre sont ainsi boycottées. Afin d'éviter ce genre de conflits et de favoriser l'élaboration d'un programme concerté, des rencontres fréquentes entre les parents, l'enseignant, les autorités scolaires et les intervenants s'imposent. Un clivage trop important entre les attitudes du milieu scolaire et celles du milieu familial risque de déconcerter l'enfant et d'entraver sa participation aux mesures prises à son endroit.

L'intervention auprès des enfants hyperactifs et ayant un déficit d'attention demeure un défi. Il faut constamment renouveler les approches si l'on veut répondre de façon optimale aux besoins des enfants et s'accorder au caractère dynamique du problème.

BIBLIOGRAPHIE

BARKLEY, R.A. (1981), *Hyperactive Children : A Handbook for Diagnosis and Treatment*, New York, Guilford Press.

BARKLEY, R.A. (1985), « The social behavior of hyperactive children : Developmental changes, drug effects, and situational variations », in McMahon, R. et Peters, R. (dir.), *Childhood Disorders*, New York, Brunner-Mazel/Mazel.

BARKLEY, R.A. (1987), *Defiant Children, a Clinician's Manual for Parent Training*, New York, Guilford Press.

CAMPBELL, S.B. (1990), « The socialization and social development of hyperactive children », in Lewis, M. et Miller, S.M. (dir.), *Developmental Psychopathology*, New York, Plenum Press, p. 77-91.

LEVINE, M.D. (1987), *Developmental Variation and Learning Disorders*, Cambridge, Mass., Educators Publishing Service, p. 15-67.

MASH, E.J. et JOHNSTON, C. (1983), « Parental perceptions of child behavior problems, parenting self-esteem, and mothers reported stress in younger and older hyperactive and normal children », *in Journal of Consulting and Clinical Psychology*, vol. 51, p. 86-99.

McGEE, R. et SHARE, D.L. (1988), « Attention deficit disorder-hyperactivity and academic failure : Which comes first and what should be treated ? », *in Journal of the American Academy of Child and Adolescent Psychiatry*, vol. 27, p. 318-325.

SATTERFIELD, J.H., SATTERFIELD, B.T. et CANTWELL, D.P. (1981), « Three-year multimodality treatment study of 100 hyperactive boys », *in Journal of Pediatrics*, vol. 98, p. 650-655.

WEISS, G. et HECHTMAN, L.T. (1986), *Hyperactive Children Grown-up*, New York, Guilford Press.

WHALEN, C.K. et HENKER, B. (1985), « The social worlds of hyperactive (ADDH) children », *in Clinical Psychology Review*, vol. 5, p. 447-478.

6

Les thérapies spécifiques

L'encadrement pédagogique de l'enfant, le soutien apporté aux parents, le réajustement des attitudes et des perceptions de l'entourage ne sont pas toujours suffisants pour obtenir une amélioration du comportement de l'enfant. Si nécessaire, des mesures d'appui peuvent être prises. Deux de ces types de mesures ont fait l'objet d'études plus poussées : les thérapies comportementales (thérapies de modification du comportement et thérapies cognitives) et les stimulants. D'autres modes de traitement ont été expérimentés. Aucun n'a été soumis à des études scientifiques approfondies à l'exception des diètes spéciales. Ils peuvent être efficaces pour certains enfants, mais leurs effets sont loin d'être spécifiques.

6.1 LES THÉRAPIES COMPORTEMENTALES

6.1.1 Les thérapies de modification du comportement

Ces thérapies sont utiles pour corriger les manifestations d'hyperactivité et le déficit d'attention. On a cru d'abord qu'un dysfonctionnement du système d'éveil chez les enfants hyperactifs pouvait les rendre moins sensibles aux récompenses ou aux punitions (Wender, 1971). C'est au milieu des années 70 que des chercheurs cliniciens ont commencé à utiliser des techniques de modification du comportement en milieu scolaire. Comme ils obtenaient de bons résultats, les efforts se sont poursuivis dans ce domaine (Gittelman-Klein *et al.*, 1976; O'Leary *et al.*, 1976).

Avant d'entreprendre une thérapie comportementale, il faut en connaître les principes et les conditions :

❏ La mise en place d'un programme de modification du comportement nécessite une analyse préalable complète des comportements problématiques, de leurs composantes, des événements qui les accompagnent ou les déclenchent et du contexte dans lequel ils surviennent.

❏ Les parents et l'enseignant sont les premiers responsables de l'application du programme. S'ils ne sont pas convaincus de son utilité, les résultats seront plus lents, et les risques d'abandon d'autant plus grands.

❏ Un programme de modification du comportement est un processus long et difficile qui doit être planifié de façon très rigoureuse. Il doit se poursuivre même après la période d'encadrement professionnel.

- [ ] Il faut établir des objectifs réalistes sans viser nécessairement la disparition complète du comportement déviant.

- [ ] La thérapie doit être adaptée à l'enfant et à son environnement.

- [ ] Une thérapie comportementale peut être appliquée quelle que soit l'étiologie du problème pour autant que tous les facteurs en cause ont été pris en considération.

- [ ] L'enfant doit être informé de la nécessité, de la nature et des buts de la thérapie. On obtiendra ainsi une meilleure participation de sa part.

- [ ] Il faut tenir compte des effets de la thérapie sur les pairs de l'enfant. Si elle crée une situation de privilège pour l'enfant, celle-ci peut se retourner contre lui.

- [ ] Un programme de modification du comportement ne dispense pas de la nécessité d'établir des relations harmonieuses entre les différents partenaires.

Il existe plusieurs techniques de modification du comportement. Certaines sont basées sur le conditionnement.

a) *Le renforcement positif*

Le renforcement positif vise spécifiquement à développer des comportements adéquats ou à augmenter la fréquence des comportements désirables par le recours systématique à divers « renforçateurs » : l'attention sociale (encouragements, approbation, etc.); les récompenses tangibles (produits de consommation, cadeaux, etc.); la participation à des activités spéciales ou l'accès à des privilèges; un système de jetons (échangeables contre des récompenses ou des privilèges); des ententes signées par tous les partenaires.

Chacun de ces « renforçateurs » comporte des avantages et des inconvénients. L'attention sociale positive est certes toujours souhaitable, mais elle n'est pas suffisante pour l'enfant qui a développé une propension à l'échec. Certains enfants sont insensibles aux privilèges qu'ils pourraient obtenir. Le système des jetons a l'avantage d'être progressif. Par contre, l'enfant peut profiter du nombre de jetons qu'il a accumulés pendant un certain temps et ne pas se comporter comme il faut sans que cet écart ne lui coûte trop cher en jetons. D'une part, les « contrats » favorisent l'autonomie et la participation, surtout chez les enfants plus vieux, et évitent les séances interminables d'argumentation. D'autre part, l'application des termes du contrat peut être décalée par rapport aux « infractions » commises. En fait, il s'agit de déterminer le moyen le plus efficace dans le cas de chaque enfant et de l'appliquer d'abord à des comportements moins perturbés pour montrer l'utilité de la méthode et permettre aux parents, à l'enseignant et à l'enfant de faire l'expérience du succès. L'un des principaux problèmes qui peut survenir, c'est le manque de collaboration entre l'école et la famille. Les efforts faits dans l'un de ces contextes peuvent être contrecarrés par les attitudes adoptées dans l'autre. Par une meilleure communication, on obtiendra la cohésion du milieu familial et du milieu scolaire.

b) Le renforcement négatif

Le renforcement négatif vise à diminuer la fréquence des comportements inadéquats en montrant qu'ils entraînent des conséquences déplaisantes. Il semble que l'application concomitante des deux techniques (renforcements positif et négatif) soit plus efficace que le recours à chacune d'elles séparément (Rosen et al., 1984). Le renforcement négatif est basé sur la suppression d'avantages.

Tout d'abord l'attention sociale : parents et enseignant ne prêtent pas attention au comportement inadéquat de l'enfant. Celui-ci peut réagir d'abord en exagérant ses gestes au point parfois que l'adulte lâche prise. Il faut au contraire rester ferme. En même temps, il est bon de souligner les comportements adéquats.

On peut aussi supprimer un avantage, mesure plus efficace que la précédente parce qu'elle est plus concrète. Il ne faut cependant pas en abuser, car les enfants très perturbateurs n'arriveraient presque jamais à avoir des récompenses. Il ne faut pas les soumettre sans cesse à l'échec, mais leur permettre d'obtenir de temps en temps des succès, si minimes soient-ils.

En milieu scolaire, on peut exclure l'enfant d'une activité en cours. C'est la méthode du *time out* dont il a été question au chapitre 5. Pour qu'elle soit efficace, la technique de la mise à l'écart doit s'inscrire dans une démarche bien structurée et n'engendrer chez l'enfant aucun sentiment de rejet.

c) Les effets obtenus

Les thérapies de modification du comportement contribuent à améliorer le comportement de l'enfant sans toutefois le normaliser (Gittelman-Klein et al., 1976; Pelham et al., 1980). Plusieurs des effets obtenus cessent après la période d'application des mesures de contrôle.

Ces thérapies ne semblent pas non plus corriger tous les aspects du comportement perturbé. Elles n'obtiennent pas de succès auprès de certains enfants soit parce qu'ils y sont réfractaires, soit parce que les parents ou l'enseignant n'utilisent pas correctement la technique. L'application de ce genre de programme est plus facile dans un contexte clinique parce que l'enfant est continuellement en observation. Par ailleurs, le succès de l'application dépend beaucoup de la motivation des personnes qui y participent. Plusieurs études montrent aussi que la méthode ne réussit pas nécessairement à corriger tous les problèmes. Par exemple, on peut obtenir que l'enfant reste assis à sa place mais ne pas arriver à améliorer son rendement scolaire ou ses interactions sociales. Pour qu'une thérapie behavioriste soit plus efficace, il faut s'intéresser à tous les aspects du comportement et de la conduite de l'enfant. Toutefois, une application trop rigide du programme ne fait qu'imposer un carcan à l'enfant sans apporter de changements en profondeur.

6.1.2 Les méthodes punitives

Il n'est pas question ici de renforcement négatif mais de sanctions. La désapprobation ou la réprimande sont utilisées régulièrement envers les enfants hyperactifs. Bien souvent elles n'apportent pas les résultats escomptés. Aussi sont-elles suivies la plupart du temps de punitions corporelles; c'est l'escalade classique des moyens coercitifs. Les parents ont beaucoup de réticence à parler des méthodes disciplinaires qu'ils utilisent. Cela vient d'un sentiment de culpabilité et de la désapprobation que soulève l'emploi de tels moyens. Souvent, ils interprètent l'utilisation des punitions corporelles comme un échec personnel. Il est nécessaire d'en discuter avec eux pour les aider à mieux maîtriser les situations difficiles. Certains auteurs (Barkley, 1981) suggèrent même d'établir avec les parents un mode de punition corporelle bien défini et modéré plutôt que de laisser cours aux pertes de contrôle. Ensuite on aidera les parents à modifier leur façon de faire.

Nous ne connaissons pas la véritable efficacité de la punition corporelle. Elle semble dépendre de la nature de la punition, de sa sévérité et de sa pertinence. Une correction abusive ou intempestive diminuera peut-être l'agitation de l'enfant. Mais, à long terme, elle aura des effets néfastes sur son développement affectif. De plus, cette méthode facile et rapide risque toujours de mener à une escalade. La sanction des comportements inadéquats s'avère peu efficace si elle ne s'accompagne pas d'interactions positives et de remarques encourageantes lorsque l'enfant se comporte convenablement.

6.1.3 L'apprentissage par imitation ou façonnement

Les travaux de Bandura (1971, 1975) ont démontré que les enfants peuvent acquérir de nouveaux comportements en imitant un modèle, à plus forte raison si ce modèle reçoit des renforcements positifs pour ses agissements (Gagné *et al.*, 1978). Cette technique s'applique bien en classe, car l'enfant peut y bénéficier en plus du renforcement social de ses pairs. Le façonnement permet d'amener l'enfant, par accommodations successives, à adopter le comportement désiré. Ces méthodes semblent justifier le maintien de l'enfant dans un groupe où il sera à même de suivre des modèles. L'efficacité de cette méthode pour les enfants hyperactifs est difficile à évaluer, car elle est rarement utilisée seule.

Il existe plusieurs variantes des méthodes comportementales. Leur cohérence détermine leur efficacité. L'utilité de ces techniques est assurée à condition que les besoins de l'enfant soient respectés. Par contre, il est parfois difficile de distinguer les avantages reliés à une technique en particulier de ceux qui découlent exclusivement de l'intervention.

6.2 LES THÉRAPIES COGNITIVES

Les thérapies cognitives méritent une attention particulière en raison de leur popularité qui s'est accrue depuis une dizaine d'années. Contrairement aux thérapies behavioristes, qui s'appuient sur une intervention extérieure pour maîtriser les comportements problématiques, les thérapies cognitives misent sur des stratégies d'autocontrôle. Les thérapies cognitives essaient donc de corriger la source même des déficits des enfants hyperactifs. Se basant sur les travaux de Kagan (Kagan *et al.*, 1966), Egeland (1974) propose d'enseigner à l'enfant impulsif des méthodes de réflexion (par ex. : prêter attention à ce qu'on lui demande, attendre avant de répondre ou d'agir, etc.). Pour leur part, Palkes et ses collaborateurs (1968) suggèrent de demander à l'enfant de répéter intérieurement les consignes avant d'exécuter une tâche ou d'exprimer verbalement ce qu'il fait au cours d'une séance d'apprentissage. Le but des thérapies cognitives est de faire prendre conscience à l'enfant de ses comportements problématiques, de lui apprendre à les régler, à les modifier et à les évaluer.

Dans cette optique, Douglas (1980) a mis au point un programme de rééducation cognitive, comprenant trois niveaux :

☐ Niveau I — aider l'enfant à comprendre la nature de ses difficultés et les avantages du programme d'intervention :
- expliquer à l'enfant la nature de ses difficultés d'attention;
- aider l'enfant à voir que ses difficultés affectent sa conduite de tous les jours;
- convaincre l'enfant que ses difficultés peuvent être résolues et l'encourager à y participer;
- expliquer à l'enfant les principes de base du programme d'intervention.

☐ Niveau II — renforcer la motivation de l'enfant et sa capacité de résoudre ses problèmes d'apprentissage et de conduite :
- structurer des expériences que l'enfant peut réussir :
  - en fractionnant les tâches;
  - en augmentant graduellement l'indice de difficulté des tâches;
  - en adaptant le matériel pédagogique aux capacités de l'enfant;
  - en révisant méthodiquement les sujets abordés;
- permettre à l'enfant de remporter des succès à l'école comme à la maison en :
  - aidant parents et enseignants à ajuster les demandes faites à l'enfant en fonction de ses capacités;
- enseigner à l'enfant les règles pour bien préparer l'exécution des tâches :
  - comprendre ce qui lui est demandé;
  - savoir utiliser les connaissances acquises ou les indices présents pour planifier différentes réponses;
  - évaluer les effets des solutions qu'il veut choisir;
  - vérifier le processus suivi;
- empêcher la passivité et la dépendance et favoriser la participation active de l'enfant en l'aidant à :
  - élaborer ses propres méthodes;
  - prendre la responsabilité de ses corrections;
  - différencier les erreurs d'inattention de celles qui sont reliées à une mauvaise compréhension de la tâche à accomplir;
- rendre l'enfant conscient des comportements et attitudes qui peuvent nuire à son apprentissage :
  - l'habituer à remarquer des moments d'inattention ou d'hyperactivité;
  - ne pas permettre le verbiage;

- l'habituer à être moins superficiel et à terminer ce qu'il entreprend.

❐ Niveau III — enseigner les stratégies de résolution de problèmes :
  • enseigner à l'enfant des stratégies lui permettant d'améliorer son attention et sa concentration :
    - améliorer le repérage, la sélection et la rétention des informations;
    - s'assurer que l'enfant écoute attentivement;
  • apprendre à l'enfant à mieux se maîtriser et s'organiser :
    - en reformulant les consignes;
    - en prenant note des différentes étapes d'un travail ou d'une situation;
  • montrer à l'enfant des moyens de se concentrer sur la tâche à accomplir et de la mener à bien :
    - lui enseigner à se calmer par lui-même au moyen d'auto-instructions;
  • enseigner à l'enfant les stratégies qui manquent à son répertoire :
    - lui apprendre des techniques de mémorisation, par exemple.

Comme nous pouvons le constater, l'approche cognitive s'en tient à la logique et est basée sur le fractionnement de la démarche d'apprentissage. Son but est de faire prendre conscience à l'enfant de ses difficultés et de lui donner les moyens d'y faire face ou de les contourner (Gagné, 1988). Les thérapies cognitives sont intéressantes parce qu'elles s'attaquent aux faiblesses réelles de l'enfant, favorisent sa participation et lui permettent d'élaborer des stratégies adaptées. De plus, les thérapies cognitives requièrent moins de supervision que les thérapies de conditionnement, ce qui rend leur application beaucoup plus souple. Leur véritable efficacité reste encore à prouver (Whalen *et al.*, 1985). On peut leur reprocher de produire des changements non durables et seulement dans certains domaines d'activité de l'enfant. Les thérapies cognitives sont quand même utiles en tant que stratégies éducatives.

Aucune des approches comportementales dont il a été question jusqu'à présent ne constitue une solution parfaite. Il en est de même, d'ailleurs, de toutes les formes de thérapie. Il ne faut pas en conclure qu'elles sont inefficaces, mais plutôt qu'elles ne peuvent pas viser tous les facteurs à la fois. Elles ne doivent donc pas être appliquées avec l'intention de régler définitivement le problème. Leur efficacité a été comparée à celle des stimulants. Comparaison quelque peu boiteuse puisque ces modes d'intervention ne se situent pas sur le même plan. Il semble toutefois que la combinaison thérapie comportementale et stimulants soit plus efficace que chacune de ces modalités prise séparément (Christensen et Sprague, 1973). Les conclusions semblent beaucoup moins sûres dans le cas des thérapies cognitives associées aux stimulants (Anderson *et al.*, 1981; Brown *et al.*, 1986). Il est difficile d'arriver à des conclusions définitives sur la valeur respective de chacune de ces thérapies. Des problèmes d'ordre méthodologique limitent la portée des conclusions, et les effets à long terme de ces interventions restent à démontrer.

6.3 LES STIMULANTS

Comme on le sait, l'effet des stimulants sur le comportement hyperactif a été découvert fortuitement. Au cours des 40 dernières années, plusieurs sortes de médicaments ont été expérimentés auprès des enfants hyperactifs. Les stimulants tels que les amphétamines (Benzedrine et Dexedrine), le méthylphénidate (Ritalin), la pémoline (Cylert), la caféine et le déanol ont été les plus utilisés. Aujourd'hui, on prescrit le méthylphénidate dans plus de 90 % des cas. Les essais de tranquillisants majeurs (chlorpromazine, halopéridol) et mineurs (benzodiazépine) ne se sont pas avérés concluants.

Les stimulants soulèvent beaucoup de controverses. Les discussions portent principalement sur la justification de leur emploi pour le traitement d'un problème de comportement, sur la fréquence d'utilisation et sur leurs effets secondaires. Les débats manquent souvent d'objectivité au point de créer une certaine confusion. L'effet profitable des stimulants sur le comportement et le fonctionnement d'une majorité d'enfants hyperactifs ne fait aucun doute. Mais la question fondamentale est de savoir comment les intégrer à une intervention globale pour que l'enfant en retire le maximum de bénéfices.

6.3.1 Le méthylphénidate et la pémoline

a) Les caractéristiques du méthylphénidate (Ritalin)

Pharmacologie

Pris par la bouche, le méthylphénidate est facilement absorbé par le tractus gastro-intestinal et peut traverser la barrière cérébro-méningée. Il est complètement métabolisé en 12 heures et est éliminé par les reins. L'ingestion concomitante de nourriture en favorise l'absorption. Sa demi-vie est de 2 à 7 heures, et la concentration sérique maximale est atteinte en 1,9 heure pour la forme régulière et en 4,7 heures pour la forme retard. Les effets se manifestent 1 ou 2 heures après l'ingestion et durent entre 3,5 et 5 heures dans le premier cas, et jusqu'à 8 heures dans le deuxième. Le méthylphénidate est un stimulant du système nerveux central. Sa structure est semblable à celle des neurotransmetteurs. Il favorise la libération de la dopamine (Hauger *et al.*, 1990).

Mode d'administration

Le méthylphénidate se présente sous deux formes : ordinaire et retard. D'une durée d'action plus courte, la forme ordinaire nécessite la prise de deux doses quotidiennes (matin et midi) afin d'en assurer les effets tout au long de la journée. Le principe actif de la forme retard (Ritalin-SR) est libéré plus lentement. Une seule dose le matin alors suffit. La forme retard n'est donc pas plus efficace que la forme ordinaire. Il est préférable d'amorcer le traitement avec de petites doses (par ex. : 5 mg de Ritalin le matin et le midi) et d'augmenter progressivement la posologie jusqu'à un maximum de 60 mg par jour, s'il y a lieu, pour obtenir l'effet désiré. La plupart du temps, les enfants qui ont entre 6 et 12 ans répondent bien à une dose de 10 ou 15 mg prise le matin et le midi. Il est inhabituel de devoir dépasser la dose de 40 mg par jour. Si l'on utilise la forme retard, le calcul de la dose correspond à la quantité de milligrammes prise sous la forme ordinaire. Le principe premier est de trouver la plus petite dose qui soit efficace. L'usage du méthylphénidate chez les enfants de moins de 6 ans a été beaucoup moins étudié et devra faire l'objet d'une étude approfondie avant d'être adopté. Le méthylphénidate est peu prescrit à l'adolescence, probablement parce que l'agitation motrice est moins marquée à cet âge. Le médicament est en général administré les jours de fréquentation scolaire lorsque l'enfant doit accomplir des tâches qui demandent un plus haut degré d'attention.

Mise en garde

Le méthylphénidate est contre-indiqué dans les états d'anxiété, de grande tension ou de forte agitation d'origine émotionnelle. La thyrotoxicose, un problème de tachyarythmie, le glaucome ou encore l'allergie au méthylphénidate sont aussi des contre-indications. Les enfants qui présentent des tics moteurs et ceux qui sont atteints du syndrome de Gilles de la Tourette (maladie des tics) ou qui ont des antécédents de cette maladie dans leur famille ne devraient pas recevoir de méthylphénidate, parce que ce médicament peut exacerber leurs tics. Son utilisation chez l'enfant psychotique risque d'augmenter les symptômes, et chez l'enfant épileptique d'abaisser le seuil de convulsivité. Dans ce dernier cas, il doit être utilisé (si la situation l'impose) avec prudence et sous étroite supervision médicale. Il se produit des interactions entre le méthylphénidate et d'autres médicaments comme les vasopresseurs, les inhibiteurs de la monoamine oxydase, les anticonvulsivants, les anticoagulants et les hypotenseurs. Chaque situation nécessitant la prise de ces médicaments doit être évaluée avec rigueur.

b) Les caractéristiques de la pémoline (Cylert)

Pharmacologie

La pémoline se prend par la bouche et est bien absorbée par le tractus gastro-intestinal. Elle est partiellement métabolisée au niveau du foie et est excrétée intacte dans l'urine dans une proportion de 50 %. La demi-vie de la pémoline est de 12 heures et la concentration sérique maximale est atteinte en 2 à 4 heures. Les effets se manifestent moins rapidement que pour le méthylphénidate et sont à leur maximum après 3 à 4 semaines de traitement. L'action de la pémoline est semblable à celle du méthylphénidate même si sa structure chimique est différente.

Mode d'administration

La pémoline vient sous forme de tablettes contenant une dose de 37,5 mg et se prend une fois par jour. La dose initiale est généralement de 37,5 mg le matin et est augmentée graduellement à raison de 18,75 mg par jour à une semaine d'intervalle jusqu'à obtention de l'effet désiré. La dose maximale quotidienne ne devrait pas dépasser 112,5 mg. Une ou deux tablettes prises le matin sont en général suffisantes pour la majorité des enfants traités entre les âges de 6 et 12 ans. La pémoline est tout aussi efficace que le méthylphénidate qui, cependant, reste le médicament le plus populaire. Toutefois, le temps nécessaire pour évaluer le rendement de la pémoline (jusqu'à 4 semaines) rend son usage un peu moins pratique.

Mise en garde

La pémoline étant beaucoup moins utilisée, ses contre-indications sont moins bien connues. Tout comme pour le méthylphénidate, il est préférable de ne pas l'utiliser chez les enfants psychotiques et de l'employer avec prudence chez les enfants épileptiques. La même précaution s'impose pour les enfants qui présentent des problèmes fonctionnels du foie et des reins. L'interaction de la pémoline et d'autres médicaments n'a pas suffisamment été étudiée chez l'être humain. Néanmoins, les enfants qui reçoivent de la pémoline en même temps que d'autres produits, notamment ceux qui exercent une action sur le système nerveux central, doivent faire l'objet d'une surveillance particulière.

6.3.2 Les effets spécifiques des stimulants

Les effets bénéfiques des stimulants ne sont pas à mettre en doute. Entre 70 et 80 % des enfants qui en prennent connaissent, à court terme du moins, une amélioration de leur comportement (Kavale, 1982; Ottenbacher et Cooper, 1983). La réaction est même parfois spectaculaire chez certains enfants sans pour autant être spécifique. Mais il faut bien se rendre compte que les stimulants agissent aussi chez les enfants qui n'ont pas de déficit d'attention et ne sont pas hyperactifs.

a) Les effets sur le comportement

Parents et enseignants confirment, dans les questionnaires d'évaluation du comportement, que la conduite générale de l'enfant s'améliore avec les stimulants (Barkley, 1977). On a d'abord cru que les stimulants, paradoxalement, diminuaient l'agitation. Mais tel n'est pas le cas. Les stimulants n'ont pas d'effets calmants. Ils permettent plutôt à l'enfant d'être plus attentif et mieux disposé pour apprendre ou faire d'autres activités, ce qui, en contrepartie, contribue à diminuer son hyperactivité. Les stimulants n'agissent pas spécifiquement sur tel ou tel symptôme; leur action est plutôt globale. Ils atténueraient les comportements agressifs, bruyants et dérangeants même s'ils n'ont pas été conçus à cette fin. Les enfants traités avec des stimulants observent mieux les consignes et répondent mieux aux demandes de l'entourage (Douglas et al., 1985). Les comportements non pertinents s'en trouvent réduits. Les interactions sociales avec les enseignants, les parents et les pairs sont également améliorées. Barkley et Cunningham (1979) ont démontré que les mères des enfants hyperactifs soumis à une médication étaient à la fois moins directives et plus attentives envers leur enfant.

b) Les effets sur les fonctions cognitives

Les stimulants ont des effets favorables sur l'attention, la concentration et la mémoire à court terme, et ils ne rendent pas l'enfant plus rigide (Solanto et Wender, 1989). Ils contribuent à diminuer l'impulsivité telle qu'elle est mesurée par certains tests. Ils ne modifient pas de façon marquée les résultats obtenus aux épreuves de quotient intellectuel, sauf peut-être dans les tâches qui requièrent une plus grande attention. Les activités plus difficiles, faisant appel à des processus cognitifs plus complexes, ne semblent pas être touchées par les stimulants. Il en est de même des facultés de raisonnement et d'abstraction.

c) Les effets sur le rendement scolaire

Parents et enseignants constatent souvent que l'enfant a un meilleur rendement en classe. Il arrive à terminer ses travaux et fournit de plus grands efforts. Toutefois, ces effets ne sont pas toujours confirmés par les tests objectifs (Gadow, 1983). Les stimulants ne peuvent compenser les faiblesses scolaires, les troubles d'apprentissage ou les obstacles au rendement. L'amélioration du rendement semble attribuable surtout au fait que l'enfant sous médicament se disperse moins.

d) Les effets physiologiques

On note chez les enfants qui prennent des stimulants une légère augmentation du rythme cardiaque et une élévation de la tension artérielle. On ignore pourquoi. Ces effets sont cependant considérés comme mineurs et sont souvent moindres que ceux provoqués par les événements de la vie quotidienne. Ils sont d'ailleurs proportionnels à la dose utilisée. Les stimulants contribueraient aussi à augmenter l'activité électrique de base enregistrée par l'électro-encéphalogramme et à accroître la sensibilité du système nerveux central à divers stimuli.

Les effets des stimulants ont fait l'objet de nombreuses études et les points que nous venons d'aborder y sont souvent repris. Plusieurs autres aspects du comportement de l'enfant sous médicament ont été soumis à des analyses exhaustives. On pourra se reporter aux nombreux écrits scientifiques publiés à ce sujet.

6.3.3 Les effets secondaires des stimulants

Comme tout autre médicament, les stimulants produisent des effets secondaires. Ceux du méthylphénidate ont servi d'argument aux adversaires de la médication. Mais qu'en est-il réellement ? Barkley et ses collaborateurs (1990) ont mené une étude approfondie sur les effets secondaires du méthylphénidate en les comparant à ceux d'un placebo. La baisse d'appétit et l'insomnie sont parmi les effets que les parents ont signalés le plus souvent. L'irritabilité, les maux de tête, les malaises abdominaux ont aussi été mentionnés. Les changements d'humeur, l'anxiété, la baisse d'intérêt se retrouvaient dans une égale proportion, que l'enfant ait pris des stimulants ou un placebo. Fait intéressant : toutes les manifestations rapportées comme effets secondaires ont aussi été notées chez les enfants prenant un placebo. Ainsi, les parents observaient de l'insomnie ou de l'irritabilité respectivement chez 40 % et 72 % des enfants qui recevaient un placebo. Il semble donc que la prévalence déjà élevée de ces symptômes chez les enfants ayant un déficit d'attention avec hyperactivité se confonde avec la prévalence des effets secondaires. La plupart des effets secondaires mentionnés précédemment sont légers et ont tendance à diminuer avec le temps ou avec un réajustement de la posologie. Ils n'ont pas la même intensité chez tous les enfants. Certains enfants ne tolèrent pas bien la médication pour diverses raisons (par ex. : réaction allergique), auquel cas elle doit être arrêtée.

Les stimulants peuvent exacerber les tics dont la prévalence est déjà plus élevée chez les enfants hyperactifs. Une cessation de la médication ramènera généralement la situation à la normale. On note parfois l'apparition du syndrome de Gilles de la Tourette, maladie neurologique caractérisée par des tics moteurs ou vocaux importants, sans que la prise de stimulants en soit la cause directe (Sverd *et al.*, 1988). Mais toute histoire qui suggère l'existence d'un tel problème entraîne un retrait de la médication.

Dès le début des années 70, des chercheurs ont signalé un ralentissement de la croissance pondérale et staturale chez certains enfants qui avaient pris des stimulants à doses élevées, tous les jours pendant 2 à 3 ans (Safer et Barr, 1972). Il s'agissait plus particulièrement des amphétamines. D'autres études sont arrivées à des conclusions moins négatives (Kalachnik *et al.*, 1982). Aux doses thérapeutiques habituellement prescrites et compte tenu des pauses de fin de semaine et d'été, ces effets ne constituent pas un problème important. Néanmoins, la surveillance de la croissance staturo-pondérale s'impose puisque certains enfants sont plus sensibles que d'autres aux effets des médicaments. Plusieurs se sont demandés si le fait de prendre des médicaments pour régulariser le comportement ne comportait pas un risque de toxicomanie. Mais le méthylphénidate, tel qu'il est prescrit actuellement, n'entraîne ni dépendance physique ni tolérance (Langer *et al.*, 1986; Safer et Allen, 1989). Toutefois, nous avons moins d'informations sur les effets de la surconsommation. Le développement d'une toxicomanie ne résulte pas seulement de l'usage des stimulants; d'autres facteurs, psychosociaux particulièrement, y contribuent. On mentionne aussi d'autres réactions adverses (anaphylaxie, psychose médicamenteuse, etc.), cependant très rares.

Le méthylphénidate et la pémoline sont considérés comme des médicaments peu dangereux, qui produisent des effets secondaires mineurs dans la majorité des cas. Cette relative innocuité ne doit toutefois pas faire oublier la nécessité d'assurer une surveillance médicale régulière.

6.3.4 Que penser des stimulants ?

Les stimulants contribuent à améliorer le comportement de 70 à 80 % des enfants traités. La réaction qu'ils entraînent est variable selon les enfants. Ils ne constituent pas une cure, mais sont utiles comme traitement d'appoint une fois que les mesures d'encadrement, tant à l'école qu'à la maison, ont été mises en place. Ils ne peuvent compenser ni les attitudes inadéquates ou les perceptions négatives de l'entourage, ni les divers déficits de l'enfant. Ils ne constituent pas un traitement vital ou obligatoire. Certains enfants en retirent tout de même des bienfaits qui sont déterminants pour leur évolution. Une étude comparative a montré que les adultes (anciens hyperactifs) qui ont pris des stimulants évoluaient mieux que ceux qui n'ont pas subi le traitement. Ils ont moins d'accidents de voiture, considèrent leur enfance de façon plus positive, manifestent de meilleures habiletés sociales et ont une meilleure estime d'eux-mêmes. Ils présentent aussi moins de problèmes d'agressivité et ont moins souvent besoin d'aide psychiatrique (Weiss et Hechtman, 1986). Les stimulants peuvent ne pas éliminer, à l'âge adulte, les effets des problèmes scolaires ni les difficultés reliées au travail ou à la vie quotidienne, mais ils semblent favoriser une meilleure intégration sociale.

La décision de recourir aux stimulants doit reposer sur une évaluation complète de la situation de même que des avantages et inconvénients qui peuvent en résulter pour l'enfant. Par ailleurs il est primordial de renseigner celui-ci sur la médication afin qu'il puisse donner son accord en connaissance de cause. On doit lui permettre d'exprimer ses réticences, car peu d'enfants aiment prendre des médicaments, et un état d'anxiété peut contrecarrer leurs effets.

Comme on ne peut déterminer à l'avance quels enfants bénéficient de la médication, il serait bon de faire un essai et même d'en confirmer les résultats en les comparant à ceux obtenus avec un placebo. En cours de traitement, il est important de cesser périodiquement l'usage des médicaments et d'évaluer s'il y a lieu pour l'enfant de continuer à en prendre. Le traitement s'échelonne en moyenne sur deux années scolaires et peut être abrégé ou prolongé selon les besoins. Vers l'âge de dix ans, l'enfant commence en général à mieux se maîtriser et à compenser certains de ses déficits. Ce peut être l'occasion d'essayer de cesser la médication tout en procurant à l'enfant le soutien nécessaire. En général, l'arrêt de la thérapie ne s'accompagne pas d'effets indésirables.

L'enfant est capable de déceler par lui-même les effets positifs et négatifs des stimulants. Les parents et les enseignants l'encourageront à les observer. Eux-mêmes apporteront, il va de soi, leur contribution à cette analyse. Il est utile, pensent des chercheurs, d'analyser la signification que tous les intéressés accordent à la médication et à son effet sur ce qu'ils pensent être la cause du problème (Amirkhan, 1982; Firestone, 1982).

La médication, surtout lorsqu'elle est efficace, ne doit pas servir de prétexte pour abandonner les autres mesures pouvant aider l'enfant. Il faut également éviter de laisser croire à ce dernier que les médicaments suffisent pour améliorer son comportement. L'enfant doit comprendre qu'il a lui aussi un rôle à jouer.

Les stimulants ont leur place dans un traitement qui s'adresse à des enfants hyperactifs, mais il n'est pas toujours facile d'en déterminer la nécessité. Avant de se résoudre à y recourir, il faut que le déficit d'attention ait été clairement établi et qu'il soit un aspect important du problème. De même, pour continuer la médication, il est nécessaire que le comportement de l'enfant s'améliore.

6.4 D'AUTRES THÉRAPIES

Le recours à une diète est devenu populaire au milieu des années 70. Mais plus les recherches sur les effets de ce type de thérapie sont rigoureuses, moins leurs conclusions sont claires (Varley, 1984). Pour sa part, Feingold (1975) a émis de façon informelle une hypothèse selon laquelle les enfants hyperactifs seraient très sensibles aux additifs alimentaires comme les colorants (érythrosine, tartrazine) ou les agents de conservation, de même qu'aux salicylates naturels. Les études qui ont tenté de vérifier cette hypothèse sont arrivées à des résultats contra-dictoires (Wender, 1986) et n'ont pas non plus confirmé l'utilité des diètes spéciales.

L'influence de l'alimentation sur le comportement n'est plus mise en doute. On sait que celle-ci agit sur le métabolisme, les organes et plus particulièrement sur le cerveau, (Holborow *et al.*, 1981; Green-wood, 1986; Conners, 1989). C'est l'interprétation de ses effets qui fait problème. Les écrits sur la question permettent de dégager ici quelques conclusions :

❏ S'il est vrai que le comportement de certains enfants se modifie à la suite de l'ingestion de certaines substances (par réaction idio-syncratique, allergique ou autre), il est inexact, par contre, de dire que les problèmes de comportement s'expliquent par les seuls facteurs diététiques.

❏ L'influence de l'alimentation concerne un très petit nombre d'en-fants surtout d'âge préscolaire (Kaplan, 1989). On peut donc penser que des facteurs de susceptibilité propres à ces enfants ont contribué au problème.

❏ Les effets d'une diète ne sont pas spécifiques d'un problème de comportement particulier (Kavale et Forness, 1983). L'amélioration demeure discrète et globale et ne touche pas, par exemple, les fonctions cognitives.

❏ L'adoption d'une diète implique la réorganisation de la vie quo-tidienne et requiert la participation de toute la famille. À eux seuls, ces deux facteurs peuvent avoir amélioré la situation générale.

❏ L'effet placebo est très important; son utilité n'est pas à dédaigner. Il est toujours intéressant d'explorer les motivations des parents qui décident de recourir à une diète pour contrôler le comportement de leur enfant.

❏ Les résultats obtenus à ce jour ne justifient pas le recours systé-matique à ce type de thérapie.

La grande popularité dont jouissent les diètes auprès du public ne concorde pas avec les maigres résultats dont témoigne la recherche. Plusieurs types de diète ont été expérimentés : suppléments vitami-niques (Brenner, 1982), diète sans sucrose (Goldman *et al.*, 1986), diète oligo-antigénique (Egger, 1985), diète avec suppléments de zinc (Varley, 1984). Aucun de ces essais n'a débouché sur des résultats concluants. Les chercheurs vont devoir poursuivre leurs travaux mais devront éviter d'élaborer des concepts trop rigides qui soient réducteurs pour l'enfant.

D'autres formes de thérapie ont été mises à contribution : relaxation (Loffredo *et al.*, 1984), biofeedback, acupuncture, etc. Leurs effets ne sont pas très marqués et ne sont pas spécifiques. Il faut préciser toutefois qu'ils n'ont pas été bien étudiés. Toutes ces thérapies sont utiles quand elles respectent les besoins de l'enfant. Mais on ne doit pas les prendre pour des panacées (comme toutes les autres thérapies d'ailleurs); la relativité des résultats obtenus souligne la nécessité de garder un esprit ouvert à différentes formes de traitement.

BIBLIOGRAPHIE

AMIRKHAN, J. (1982), « Expectancies and attributions for hyperactive and medicated hyperactive students », *in Journal of Abnormal Child Psychology*, vol. 10, p. 265-276.

ANDERSON, E.E., CLEMENT, P.W. et OETTINGER, L. (1981), « Methylphenidate compared with behavioral self-control in attention deficit disorder : Preliminary report », *in Developmental and Behavioral Pediatrics*, vol. 2, p. 137-141.

BANDURA, A. (1971), *Psychological Modeling*, New York, Aldine.

BANDURA, A., JEFFERY, R.W. et GAJDOS, E. (1975), « Generalizing changes through participant modeling with self-directed mastery », *in Behavior Research and Therapy*, vol. 14, p. 141-152.

BARKLEY, R.A. (1977), « A review of stimulant drug research with hyperactive children », *in Journal of Child Psychology and Psychiatry*, vol. 18, p. 137-165.

BARKLEY, R.A. (1981), *Hyperactive Children; a Handbook for Diagnosis and Treatment*, New York, Guilford Press.

BARKLEY, R.A. et CUNNINGHAM, C.E. (1979), « The effects of Ritalin on the mother-child interactions of hyperactive children », *in Archives of General Psychiatry*, vol. 36, p. 201-208.

BARKLEY, R.A., McMURRAY, M.B., EDELBROCK, C.S. et ROBBINS, K. (1990), « Side effects of methylphenidate in children with attention deficit hyperactivity disorder : A systemic, placebo-controlled evaluation », *in Pediatrics*, vol. 86, p. 184-192.

BRENNER, A. (1982), « The effects of megadoses of selected B complex vitamins on children with hyperkinesis : Controlled studies with long-term follow-up, *in Journal of Learning Disabilities*, vol. 15, p. 258-264.

BROWN, R.T., BORDEN, K.A., WYNNE, M.E., SCHLESER, R. et CLINGERMAN, S.R. (1986), « Methylphenidate and cognitive therapy with ADD children : A methodological reconsideration », *in Journal of Abnormal Child Psychology*, vol. 14, p. 481-497.

CHRISTENSEN, D.E. et SPRAGUE, R.L. (1973), « Reduction of hyperactive behaviors by conditioning procedures alone and combined with methylphenidate (Ritalin) », *in Behaviour Research and Therapy*, vol. 11, p. 331-334.

CONNERS, C.K. (1989), *Feeding the Brain, How Foods Affects Children*, New York, Plenum Press.

DOUGLAS, V.I. (1980), « Treatment and training approaches to hyperactivity : Establishing internal and external control », *in* Whalen, C.K. et Henker, B. (dir.), *Hyperactive Children. The Social Ecology of Identification and Treatment*, New York, Academic Press.

DOUGLAS, V.I., BARR, R.G., O'NEILL, M.E. et BRITTON, B.G. (1986), « Short-term effects of methylphenidate on the cognitive, learning and academic performance of children with attention deficit disorder in the laboratory and the classroom », *in Journal of Child Psychology and Psychiatry*, vol. 27, p. 191-211.

EGELAND, B. (1974), « Training impulsive children in the use of more efficient scanning techniques », *in Child Development*, vol. 45, p. 165-171.

EGGER, J., CARTER, C.M., GRAHAM, P.J., GUMLEY, D. et SOOTHILL, J.F. (1985), « Controlled trial of oligoantigenic treatment in the hyperkinetic syndrome », *in Lancet*, 9 mars, p. 540-545.

FEINGOLD, B.F. (1975), *Why your Child is Hyperactive*, New York, Random House.

FIRESTONE, P. (1982), « Factors associated with children's adherence to stimulant medication », *in American Journal of Orthopsychiatry*, vol. 52, p. 447-457.

GADOW, K.D. (1983), « Effects of stimulant drugs on academic performance in hyperactive and learning disabled children », *in Journal of Learning Disabilities*, vol. 16, p. 290-299.

GAGNÉ, G., MONTAMBEAULT, R., OUELLET, G. et ARCHAMBAULT, J. (1978), *Hyperactivité-Inhibition, un guide d'intervention*, Montréal, Commission des écoles catholiques de Montréal.

GAGNÉ, P.P. (1988), *L'hyperactivité : problématique et stratégies d'intervention*, Montréal, Conseil québécois pour l'enfance et la jeunesse.

GITTELMAN-KLEIN, R., KLEIN, D.F., ABIKOFF, H., KATZ, S., GLOISTEN, C. et KATES, W. (1976), « Relative efficacy of methylphenidate and behavior modification in hyperactive children : A interim report », *in Journal of Abnormal Child Psychology*, vol. 4, p. 361-379.

GOLDMAN, J.A., LERMAN, R.H., CONTOIS, J.H. et UDALL, J.N. (1986), « Behavioral effects of sucrose on preschool children », *in Journal of Abnormal Child Psychology*, vol. 14, p. 565-577.

GREENWOOD, C. (1986), « The influence of diet on behavior », *in Contemporay Pediatrics*, nov.-déc., p. 26-33.

HAUGER, R.L., ANGEL, I., JANOWSKY, A., BERGER, P. et HULIHAN-GIBLIN, B. (1990), « Brain recognition sites for methylphenidate and the amphetamines : Their relationship to the dopamine transport complex, glucoreceptors and serotonergic neurotransmission in the central nervous system », *in* Deutsch, S.I., Weizman, A. et Weizman, R. (dir.), *Application of Basic Neuroscience to Child Psychiatry*, New York, Plenum Medical Book, p. 77-100.

HOLBOROW, P., ELKINS, J. et BERRY, P. (1981), « The effect of the Feingold diet on "normal" school children », *in Journal of Learning Disabilities*, vol. 14, p. 143-147.

KAGAN, J., PEARSON, L. et WELCH, L. (1966), « Modifiability of an impulsive tempo », *in Journal of Educational Psychology*, vol. 57, p. 359-365.

KALACHNIK, J.E., SPRAGUE, R.L., SLEATOR, E.K., COHEN, M.N. et ULLMAN, R.K. (1982), « Effects of methylphenidate hydrochloride on stature of hyperactive children », *in Developmental Medicine and Child Neurology*, vol. 24, p. 586-595.

KAPLAN, B.J., MCNICOL, R.D., CONTE, R.A. et MOGHADAM, H.K. (1989), « Dietary replacement in preschool-aged hyperactive boys », *in Pediatrics*, vol. 83, p. 7-17.

KAVALE, K.A. (1982), « The efficacy of stimulant drug treatment for hyperactivity : A meta-analysis », in *Journal of Learning Disabilities*, vol. 15, p. 280-289.

KAVALE, K.A. et FORNESS, S.R. (1983), « Hyperactivity and diet treatment : A meta-analysis of the Feingold hypothesis », *Journal of Learning Disabilities*, vol. 16, p. 324-330.

LANGER, D.H., SWEENY, K.P., BARTENBACH, D.E., DAVIS, P.M. et MENANDER, K.B. (1986), « Evidence of lack of abuse or dependence following pemoline treatment : Results of a retrospective survey », in *Drug and Alcohol Dependence*, vol. 17, p. 213-227.

LOFFREDO, D., OMIZO, M. et HAMMETT, V.L. (1984), « Group relaxation training and parental involvement with hyperactive boys », in *Journal of Learning Disabilities*, vol. 17, p. 210-213.

O'LEARY, K.D., PELHAM, W.E., ROSENBAUM, A. et PRICE, G.H. (1976), « Behavioral treatment of hyperkinetic children : An experimental evaluation of its usefulness », in *Clinical Pediatrics*, vol. 15, p. 274-279.

OTTENBACHER, K.J. et COOPER, H.M. (1983), « Drug treatment of hyperactivity in children », in *Developmental Medicine and Child Neurology*, vol. 25, p. 358-366.

PALKES, H., STEWART, M. et KANAHA, B. (1968), « Porteus maze performance of hyperactive boys after training in self directed verbal commands », in *Child Development*, vol. 39, p. 817-826.

PELHAM, W., SCHNEDLER, R., BOLOGNA, N. et CONTRERAS, A. (1980), « Behavioral and stimulant treatment of hyperactive children : A therapy study with methylphenidate probes in a within-subject design », in *Journal of Applied Behavior Analysis*, vol. 13, p. 221-236.

PLISZKA, S.R. (1989), « Effects of anxiety on cognition, behavior and stimulant response in ADHD », in *Journal of the American Academy of Child and Adolescent Psychiatry*, vol. 28, p. 882-887.

ROSÉN, L.A., O'LEARY, S.G., JOYCE, S.A., GLENN, C. et PFIFFNER, L.J. (1984), « The importance of prudent negative consequences for maintaining the appropriate behavior of hyperactive students », in *Journal of Abnormal Child Psychology*, vol. 12, p. 581-604.

SAFER, D.J. et BARR, E. (1972), « Depression of growth in hyperactive children on stimulant drugs », in *New England Journal of Medicine*, vol. 287, p. 217-220.

SAFER, D.J. et ALLEN, R.P. (1989), « Absence of tolerance to the behavioral effects of methylphenidate in hyperactive and inattentive children », in *Journal of Pediatrics*, vol. 115, p. 1003-1008.

SOLANTO, M.V. et WENDER, E.H. (1989), « Does methylphenidate constrict cognitive functioning ? », in *Journal of the American Academy of Child and Adolescent Psychiatry*, vol. 28, p. 897-902.

SVERD, J., CURLEY, A.D., JANDORF, L. et VOLKERSZ, L. (1988), « Behavior disorder and attention deficits in boys with Tourette syndrome », in *Journal of the American Academy of Child and Adolescent Psychiatry*, vol. 27, p. 413-417.

VARLEY, C.K. (1984), « Diet and the behavior of children with attention deficit disorder », in *Journal of the American Academy of Child Psychiatry*, vol. 23, p. 182-185.

WEISS, G. et Hetchman, L. (1986), *Hyperactive Children Grown up*, New York, Guilford Press.

WENDER, E.H. (1986), « The food additive-free diet in the treatment of behavior disorders : A review », in *Developmental and Behavioral Pediatrics*, vol. 7, p. 35-42.

WENDER, P. (1971), *Minimal Brain Dysfunction*, New York, Wiley.

WHALEN, C.K., HENKER, B. et HINSHAW, S.P. (1985), « Cognitive-behavioral therapies for hyperactive children : Premises, problems and prospects », *in Journal of Abnormal Child Psychology*, vol. 13, p. 391-410.

ZAMETKIN, A.J., NORDAHL, T.E., GROSS, M., KING, A.C., SEMPLE, W., RUMSEY, J., HAMBURGER, S. et COHEN, R.M. (1990), « Cerebral glucose metabolism in adults with hyperactivity of childhood onset », *in New England Journal of Medicine*, vol. 323, p. 1361-1366.

───CONCLUSION───

L es enfants qui souffrent d'hyperactivité et de déficit d'attention ont des comportements caractéristiques. Ce trait qui les différencie est reconnu de tous les chercheurs. Mais la notion d'hyperactivité en tant qu'entité distincte ne rencontre pas la même unanimité. Les manifestations d'agitation et d'inattention qui s'y rattachent prennent des significations différentes selon qu'elles sont associées à d'autres problèmes de nature organique, affective ou psychosociale. Par ailleurs, l'absence de marqueur biologique confirmé rend difficile le dépistage précis des enfants qui sont atteints. On espère beaucoup des recherches qui se poursuivent en ce domaine. De même, une entité clinique définie semble toutefois s'imposer. C'est celle d'hyperactivité généralisée, que l'on peut observer chez un sous-groupe d'enfants. Il reste donc beaucoup d'efforts taxonomiques à accomplir pour clarifier une problématique encore confuse.

En raison de la fluidité des notions que nous venons de signaler, l'intervention thérapeutique pose des problèmes de taille. Il est bien difficile d'appliquer des solutions spécifiques à un problème si fluctuant. De toutes les thérapies qui ont été proposées, aucune n'est vraiment adéquate. Certaines permettent d'obtenir des améliorations provisoires, d'autres agissent de façon indirecte. Une évaluation approfondie de toute mesure d'intervention s'impose même si, à première vue, telle mesure semble logique et attrayante.

On peut tout de même dégager certains principes d'intervention. Il faut éviter les actions improvisées et procéder d'abord à une analyse détaillée des besoins de l'enfant et de son entourage. De même, le mode d'approche doit être assez large pour prendre en considération tous les facteurs en cause et ne pas réduire l'enfant à une série de symptômes importuns.

Il est également essentiel de faire correspondre le processus thérapeutique au rythme de l'enfant et à celui de son entourage. L'intervenant ne doit pas ajouter à leur fardeau celui de son impatience et de sa déception devant une situation qui ne progresse pas vite ou qui stagne. Il peut se rappeler que ce sont les progrès de l'enfant qui permettent de mesurer la qualité des interventions.

L'hyperactivité ne doit pas être dissociée des attitudes de la famille, du milieu scolaire et de la société à l'égard d'enfants dont le rendement est inférieur aux attentes. Des modifications dans la structure des établissements d'enseignement, l'adoption de politiques nouvelles en matière d'éducation spécialisée sont aussi des actions qui peuvent être envisagées pour aider ces enfants à vaincre leurs difficultés.

Questionnaire de Conners
pour les parents

Vous trouverez ci-dessous des énoncés décrivant des comportements d'enfants ou des problèmes qu'ils ont parfois. Lisez chaque énoncé attentivement et décidez du degré auquel votre enfant a souffert de ce problème durant la dernière année.

	Pas du tout	Un petit peu	Beau-coup	Énor-mément
1. Tripote ou ronge certaines choses (ongles, doigts, cheveux, vêtements).				
2. Insolent(e) avec les grandes personnes.				
3. A du mal à se faire des amis et à les garder.				
4. Excitable, impulsif(ive).				
5. Veut tout commander.				
6. Suce ou mâchonne (pouce, vêtements, couvertures).				
7. Pleure souvent ou facilement.				
8. Se sent attaqué(e), est sur la défensive.				
9. Rêvasse.				
10. A des difficultés d'apprentissage.				
11. Se tortille, ne tient pas en place.				
12. A peur (de nouvelles situations, de nouveaux endroits et de nouvelles personnes, ou de fréquenter l'école).				
13. Est agité(e), a toujours besoin de faire quelque chose.				
14. Est destructeur(trice).				
15. Ment ou raconte des histoires qui ne sont pas vraies.				

	Pas du tout	Un petit peu	Beau-coup	Énor-mément
16. Est timide.				
17. S'attire plus d'ennuis (se fait plus attraper) que les autres enfants de son âge.				
18. Ne parle pas comme les autres enfants de son âge (parle comme un bébé, bégaye, est difficile à comprendre).				
19. Nie ses erreurs ou accuse les autres.				
20. Est querelleur(euse).				
21. Fait la moue et boude.				
22. Prend les choses qui ne lui appartiennent pas.				
23. Est désobéissant(e) ou obéit à contrecœur.				
24. S'inquiète plus que les autres (de la maladie, de la mort, de la solitude).				
25. Ne termine pas ce qu'il (elle) a commencé.				
26. Est facilement froissé(e).				
27. Brutalise ou intimide ses camarades.				
28. Ne peut s'arrêter lors d'une activité répétitive.				
29. Est cruel(elle).				
30. A un comportement immature (demande qu'on l'aide pour quelque chose qu'il (elle) peut faire seul(e), est collant(e), a constamment besoin d'être rassuré(e)).				
31. A des problèmes de fixation de l'attention, distractivité.				
32. Souffre de maux de tête.				
33. A des changements d'humeur rapides et marqués.				
34. N'obéit pas ou n'aime pas obéir aux règles, ou brave les interdits.				
35. Se bagarre constamment.				
36. Ne s'entend pas avec ses frères et sœurs.				

	Pas du tout	Un petit peu	Beau-coup	Énor-mément
37. Se décourage facilement lorsqu'un effort est nécessaire.				
38. Dérange les autres enfants.				
39. Est-un(e) enfant foncièrement malheureux(euse).				
40. A des problèmes d'alimentation (a un mauvais appétit, se lève après chaque bouchée).				
41. Souffre de maux d'estomac.				
42. A des problèmes de sommeil (ne peut s'endormir, se réveille trop tôt, se réveille pendant la nuit).				
43. Se plaint d'autres maux physiques et de douleurs.				
44. Souffre de vomissements, de nausées.				
45. Se sent lésé(e) à la maison.				
46. Se vante, fanfaronne.				
47. Se laisse écraser, manipuler par les autres.				
48. A des problèmes d'évacuation intestinale (selles molles, irrégulières, constipation).				

Les énoncés les plus discriminants sont regroupés selon les cinq facteurs suivants :
A. Difficultés de comportement : énoncés 2, 8, 14, 19, 20, 27, 35, 39.
B. Difficultés d'apprentissage : énoncés 10, 25, 31, 37.
C. Somatisation : énoncés 32, 41, 43, 44.
D. Impulsivité-hyperactivité : énoncés 4, 5, 11, 13.
E. Anxiété : énoncés 12, 16, 24, 47.

Les dix énoncés 4, 7, 11, 13, 14, 25, 31, 33, 37 et 38 sont ceux de la forme abrégée du questionnaire de Conners et correspondent à l'échelle d'hyperactivité.

En cotant chaque appréciation 0, 1, 2 ou 3, c'est-à-dire de « Pas du tout » (0) à « Énormément » (3), et en divisant le score total par 10, on obtient un score moyen allant de 0 à 3. Un score moyen de 1,5 ou plus suggère des indices d'hyperactivité chez l'enfant.

Source : Goyette, C.H., Conners, C.K. et Ulrich, R.F., « Normative data on revised Conners parent and teacher rating scales », *in Journal of Abnormal Child Psychology*, vol. 6, 1978 (traduit et adapté).

ANNEXE B

Questionnaire de Conners
pour les enseignants

Vous trouverez ci-dessous des énoncés décrivant des comportements d'enfants qui se rencontrent parfois en milieu scolaire. Placez une croix dans la colonne qui décrit le mieux l'élève concerné(e). Répondez à toutes les questions.

	Pas du tout	Un petit peu	Beau-coup	Énor-mément
1. Est agité(e), se tortille sur sa chaise.				
2. Fait des bruits inappropriés quand il ne faut pas.				
3. Ses demandes doivent être satisfaites immédiatement.				
4. Est impertinent(e), effronté(e).				
5. Fait des crises de colère et a des conduites imprévisibles.				
6. Est trop sensible à la critique.				
7. Est distrait(e).				
8. Perturbe les autres élèves.				
9. Est rêveur(euse).				
10. Fait la moue et boude.				
11. A une humeur qui change rapidement et de façon marquée.				
12. Est bagarreur(euse).				
13. A une attitude soumise à l'égard de l'autorité.				
14. Est agité(e), va constamment à droite et à gauche.				
15. S'excite facilement, est impulsif(ive).				
16. Demande une attention excessive de l'enseignant.				

	Pas du tout	Un petit peu	Beau-coup	Énor-mément
17. Semble mal accepté(e) par le groupe.				
18. Se laisse mener par les autres élèves.				
19. Est mauvais(e) joueur(euse).				
20. Semble manquer de capacités à entraîner ou à mener les autres.				
21. A de la difficulté à terminer ce qu'il (elle) commence.				
22. Est puéril(e), immature.				
23. Nie ses erreurs ou accuse les autres.				
24. A de la difficulté à s'entendre avec les autres élèves.				
25. Coopère peu avec ses camarades de classe.				
26. S'énerve facilement quand il (elle) doit faire un effort.				
27. Coopère peu avec l'enseignant.				
28. A des difficultés d'apprentissage.				

Les énoncés les plus discriminants sont regroupés selon les trois facteurs suivants :

A.Difficultés de comportement : énoncés 4, 5, 6, 10, 11, 12, 23, 27.
B.Hyperactivité : énoncés 1, 2, 3, 8, 14, 15, 16.
C.Inattention-passivité : énoncés 7, 9, 18, 20, 21, 22, 26, 28.

Les dix énoncés 1, 5, 7, 8, 10, 11, 14, 15, 21 et 26 sont ceux de la forme abrégée du questionnaire de Conners et correspondent à l'échelle d'hyperactivité.

En cotant chaque appréciation 0, 1, 2 ou 3, c'est-à-dire de « Pas du tout » (0) à « Énormément » (3), et en divisant le score total par 10, on obtient un score moyen allant de 0 à 3. Un score moyen de 1,5 ou plus suggère des indices d'hyperactivité chez l'enfant.

Source : Goyette, C.H., Conners, C.K. et Ulrich, R.F. « Normative data on revised Conners parent and teacher rating scales », in *Journal of Abnormal Child Psychology*, vol. 6, 1978 (traduit et adapté).

Grille d'observation et d'analyse des comportements personnels et sociaux de l'élève

Liste des comportements observables

A. L'enseignant donne des explications à l'ensemble des élèves.
1) L'élève tourne les yeux vers la direction appropriée (vers l'enseignant ou vers la tâche).
2) L'élève émet des bruits.
3) L'élève reste à sa place.
4) L'élève parle aux autres élèves.
5) L'élève lance des objets.
6) L'élève interrompt l'enseignant en intervenant en dehors du sujet.

B. L'enseignant donne des instructions au sujet d'un travail que l'élève aura à réaliser individuellement.
7) L'élève suit les consignes.
8) L'élève s'informe auprès des autres sur les consignes données par l'enseignant.
9) L'enseignant doit répéter les instructions spécialement pour l'élève.

C. Pendant l'exécution d'un travail individuel :
10) L'élève reste à sa place.
11) L'élève dérange les autres en émettant des bruits, ou en se promenant dans la classe, ou en parlant aux autres.
12) L'élève regarde sa tâche.
13) L'élève travaille sans s'interrompre.

D. Les élèves font une activité d'expression libre (bricolage, jeux, etc.).
14) L'élève réalise une production.
15) L'élève dérange les autres (par exemple, il crie, court, lance des objets).
16) L'élève reste à sa place sans rien faire.

E. L'élève a lu un texte (correspondant à ses habiletés). Après cette lecture, l'enseignant lui pose des questions dont les réponses font appel au contenu du texte.
17) L'élève répond aux questions.
18) L'élève donne des réponses qui n'ont pas de relation avec le texte.
19) L'élève donne des réponses dans lesquelles il manque des éléments essentiels.

F. L'enseignant lit à voix haute un texte (histoire, exposé) aux élèves, texte qu'il juge être à la portée de l'élève. Il constate pendant la lecture que l'élève est attentif. Par la suite, il interroge l'élève sur différents éléments contenus dans le texte.

    20) L'élève répond aux questions.

    21) L'élève donne des réponses qui n'ont pas de relation avec le texte.

    22) L'élève donne des réponses dans lesquelles il manque des éléments essentiels.

G. Les élèves travaillent individuellement à une série d'exercices. Le travail peut être réalisé par les élèves à l'intérieur du délai prévu.

    23) L'élève commence son travail seul, sans que l'enseignant ait besoin de lui rappeler de se mettre au travail.

    24) L'élève arrête de travailler si l'enseignant ne lui rappelle pas de poursuivre son travail.

    25) L'élève termine son travail.

    26) L'élève termine son travail avant le délai prévu.

    27) L'élève termine son travail après le délai prévu.

H. Vous vous rendez compte que l'élève fait face à une difficulté.

    28) L'élève trouve par lui-même la solution à la difficulté rencontrée.

    29) L'élève répond au hasard (incapable de justifier sa réponse).

    30) L'élève demande de l'aide à l'enseignant.

    31) L'élève demande de l'aide aux autres élèves.

    32) L'élève pleure.

    33) L'élève bougonne (ou se plaint, grogne, boude).

    34) L'élève arrête de travailler.

I. Au début de l'heure d'arts plastiques, l'enseignant présente aux élèves un nouveau matériel de bricolage (papier mâché, émaux) et leur explique comment l'utiliser. Par la suite, les élèves utilisent ce matériel.

    35) L'élève suit la technique expliquée tout en réalisant un produit fini.

    36) L'élève manipule le matériel sans aucune méthode et ne réalise pas de produit fini.

J. L'élève a des comportements que l'enseignant juge inacceptables. L'enseignant lui manifeste verbalement son désaccord et en discute avec lui.

    37) L'élève admet verbalement avoir eu le comportement que l'enseignant lui reproche.

    38) L'élève se tait, baisse la tête, rougit, pleure.

    39) L'élève insulte, frappe ou bouscule des objets, bougonne.

    40) L'élève verbalise : il ne s'attendait pas à votre remarque (surpris, étonné).

K. L'enseignant discute avec l'élève de certains de ses comportements qu'il juge inacceptables.

    41) L'élève rejette la faute sur les autres.

    42) L'élève rejette la faute sur les circonstances.

    43) L'élève se décrit en employant des termes tels que « idiot », « mauvais », « pas capable ».

    44) L'élève demande des précisions sur ce qu'on attend de lui.

    45) L'élève propose des solutions.

L. L'enseignant est satisfait du travail que l'élève vient de réaliser. Il lui manifeste verbalement sa satisfaction.

    46) L'élève accepte la remarque de l'enseignant en disant merci, en souriant ou en disant quelque chose comme : « Je suis content que tu aimes mon travail. »

    47) L'élève rougit.

    48) L'élève refuse la remarque de l'enseignant : « C'est pas vrai, c'est pas beau. »

M. Pendant la séance d'activités libres, les élèves font du bricolage, de la peinture, de la musique ou toute autre activité qu'ils ont le goût de faire.

    49) L'élève choisit lui-même son activité.

    50) L'élève fait la même activité que son voisin ou ami(e).

    51) L'élève ne fait rien.

    52) L'élève passe d'une activité à l'autre.

    53) L'élève refuse les activités qui lui sont proposées.

N. L'enseignant explique une nouvelle notion de français ou de mathématique. Afin de permettre aux élèves de la comprendre, il leur donne une série d'exercices à faire individuellement.

    54) L'élève entreprend sa tâche immédiatement.

    55) L'élève fait des réflexions du genre : « Je ne suis pas capable », « Je n'y arriverai pas. »

    56) L'élève copie le travail des autres.

O. Vous êtes attentif(ve) aux comportements par lesquels l'élève exprime ses sentiments.

    57) L'élève pleure.

    58) L'élève rit.

    59) L'élève se fâche.

P. L'élève réalise une tâche qu'il aime. L'enseignant lui demande d'entreprendre un autre travail.

    60) L'élève met de côté la tâche qu'il aime pour entreprendre la nouvelle tâche.

    61) L'élève rouspète, réplique.

    62) L'élève boude.

    63) L'élève cherche constamment à revenir à son ancienne tâche.

Q. Vous observez l'élève dans les situations suivantes : il doit attendre son tour pour s'exprimer, pour faire corriger ses travaux, pour avoir un matériel qu'un autre utilise, etc.

    64) L'élève attend son tour.

    65) L'élève bouscule les autres.

    66) L'élève coupe la parole à la personne qui parle.

R. Les élèves réalisent une tâche en équipe; ils parlent entre eux. L'enseignant doit donner une information à l'ensemble des élèves et il demande le silence.

    67) L'élève cesse immédiatement l'activité en cours.

    68) Même après plusieurs avertissements, l'élève continue son activité.

S. L'élève formule une demande à l'enseignant et ce dernier refuse.

    69) L'élève rouspète.

70) L'élève boude.

71) L'élève pleure.

72) L'élève insiste.

T. L'enseignant fait régulièrement des exercices de détente avec les élèves.

73) L'élève reste immobile.

74) L'élève a les bras et les jambes raides.

75) Le visage et les yeux de l'élève sont crispés.

76) L'élève rit de façon incontrôlée, bouge constamment.

U. Vous observez l'élève en période d'examen.

77) Le rendement de l'élève aux épreuves correspond à sa performance habituelle.

78) L'élève dit des phrases telles que : « Je ne réussirai pas », « C'est trop difficile. »

79) L'élève bouge beaucoup.

V. L'élève a vécu des situations qui habituellement provoquent de la tension ou de l'excitation : chicane entre deux élèves, échec scolaire, remarques négatives faites à son endroit, fête, préparation d'une sortie à l'extérieur, etc.

80) L'élève entreprend son travail longtemps après les autres.

81) L'élève parle continuellement de l'événement.

82) L'élève ne tient pas en place.

W. L'élève fait une présentation orale devant les élèves de la classe.

83) L'élève bégaie.

84) L'élève s'exprime avec un débit très rapide.

85) L'élève ne dit que quelques phrases et omet des éléments essentiels dans sa présentation.

X. Au moment de causeries ou d'activités au cours desquelles les élèves peuvent s'exprimer sur ce qu'ils vivent en classe ou à l'extérieur de la classe :

86) L'élève pose des questions sur ce que les autres élèves expriment.

87) L'élève raconte des événements qui le concernent.

88) L'élève ridiculise les autres.

89) L'élève porte des jugements favorables sur ce que les autres expriment.

Y. Vous observez l'élève dans différentes situations de groupe : jeux, tâches scolaires.

90) L'élève joue avec d'autres élèves.

91) Dans un travail d'équipe, l'élève coopère avec les autres (dit ses opinions, prend en charge certaines tâches).

92) L'élève travaille ou joue avec un seul élève.

93) L'élève se chicane avec les autres.

94) Des élèves le choisissent pour jouer avec eux.

95) Des élèves le choisissent pour travailler avec eux.

96) Des élèves le ridiculisent, lui crient des noms, lui font des mauvais coups.

97) L'élève prend l'initiative d'entrer en contact avec d'autres élèves.

98) L'élève passe sa récréation seul.

99) D'autres élèves prennent l'initiative d'un contact avec lui.

100) L'élève se plaint des autres.
101) Les autres élèves de la classe se plaignent de l'élève.
102) L'élève dirige des jeux.
103) Les autres acceptent volontiers les opinions de l'élève.
104) Les autres acceptent que l'élève dirige les jeux.
105) L'élève aide spontanément un autre élève.
106) L'élève se laisse aider par un autre.
107) L'élève refuse des demandes des autres.
108) L'élève se défend quand un autre l'attaque.
109) L'élève regarde dans les yeux la personne qui lui parle.
110) L'élève regarde dans les yeux la personne à qui il parle.
111) L'élève se laisse toucher par les autres.
112) L'élève touche les autres.

Les énoncés de la grille d'observation sont regroupés en fonction des sept traits suivants :

Traits	Énoncés
Sélection de l'information	1, 3, 4, 5, 6, 7 , 9, 10, 11, 12, 13, 14, 15, 16, 17, 18, 20, 21, 23, 26, 28, 35, 54, 60, 67.
Rétention de l'information	7, 8, 9, 17, 18, 19, 20, 21, 22, 23, 28, 35, 36, 54.
Planification et méthode de travail	1, 7, 10, 11, 12, 13, 14, 15, 16, 23, 24, 25, 26, 27, 28, 29, 30, 31, 35, 50, 51, 52, 54, 56, 60, 91.
Affirmation de soi	30, 31, 32, 33, 34, 37, 38, 39, 40, 41, 42, 43, 44, 45, 46, 47, 48, 49, 50, 51, 53, 55, 57, 58 59, 61, 62, 63, 65, 66, 69, 70, 71, 72, 86, 87, 88, 91, 97, 98, 100, 102, 105, 107, 108, 109, 110.
Contrôle de soi	1, 2, 3, 4, 5, 6, 7, 10, 11, 12, 13, 14, 15, 23, 35, 37, 39, 54, 59, 60, 61, 62, 63, 64, 65, 66, 67, 68, 69, 70, 71, 76, 77, 79, 80, 81, 82, 83, 84.
Relaxation et détente	73, 74, 75, 76, 77, 78, 79, 80, 81, 82, 83, 84, 85.
Intégration sociale	31, 65, 86, 87, 88, 89, 90, 91, 92, 94, 95, 96, 97, 98, 99, 100, 101, 102, 103, 104, 105, 106, 107, 108, 109, 110, 111, 112.

N.B.   Pour la cotation de chacun des énoncés, nous renvoyons le lecteur à : Bourassa, M. et Morin-Grenier, N. (1982), *Grille d'observation et d'analyse des comportements personnels et sociaux de l'élève, Formule d'aide à l'élève qui rencontre des difficultés. Bilan fonctionnel et plan d'action*, Québec, Direction générale du développement pédagogique, document nº 16-7516-11a, 2e partie, Tableaux d'analyse.

CIM-10

ICD-10 Diagnostic Criteria for Hyperkinetic Disorder

A. Demonstrable abnormality of attention and activity at HOME, for the age and developmental level of the child, as evidenced by at least three of the following attention problems :
  1) short duration of spontaneous activities;
  2) often leaving play activities unfinished;
  3) over-frequent changes between activities;
  4) undue lack of persistence at tasks set by adults;
  5) unduly high distractibility during study, e.g., homework or reading assignment;
  and by at least two of the following activity problems :
  6) continuous motor restlessness (running, jumping, etc.);
  7) markedly excessive fidgeting and wriggling during spontaneous activities;
  8) markedly excessive activity in situations expecting relative stillness (e.g., mealtimes, travel, visiting, church);
  9) difficulty in remaining seated when required.

B. Demonstrable abnormality of attention and activity at SCHOOL or NURSERY (if applicable), for the age and developmental level of the child, as evidenced by at least two of the following attention problems :
  1) undue lack of persistence at tasks;
  2) unduly high distractibility, i.e., often orienting towards extrinsic stimuli;
  3) over-frequent changes between activities when choice is allowed;
  4) excessively short duration of play activities;
  and by at least two of the following activity problems :
  5) continuous and excessive motor restlessness (running, jumping, etc.) in school;
  6) markedly excessive fidgeting and wriggling in structured stituations;
  7) excessive levels of off-task activity during tasks;
  8) unduly often out of seat when required to be sitting.

C. Directly observed abnormality of attention or activity. This must be excessive for the child's age and developmental level. The evidence may be any of the following :
  1) direct observation of the criteria in A or B above, i.e., not solely the report of parent and/or teacher;
  2) observation of abnormal levels of motor activity, or off-task behaviour, or lack of persistence in activities, in a setting outside home or school (e.g., clinic or laboratory);

3) significant impairment of performance on psychometric tests of attention.

D. Does not meet criteria for pervasive developmental disorder, mania, depressive or anxiety disorder.

E. Onset before the AGE OF SIX YEARS.

F. Duration of AT LEAST SIX MONTHS.

G. IQ above 50.

N.B. The research diagnosis of Hyperkinetic disorder requieres the definite presence of abnormal levels of inattention and restlessness that are pervasive across situations and persistent over time, that can be demonstrated by direct observation, and that are not caused by other disorders such as autism of affective disorders.

Eventually, assessment instruments should develop to the point where it is possible to take a quantitative cut-off score on reliable, valid, and standardized measures of hyperactive behaviour in the home and classroom, corresponding to the 95th percentile on both measures. Such criteria would then replace A and B above.

Source : Organisation mondiale de la santé, International Classification of Diseases, 10e éd., Genève, O.M.S., 1990.